PAZ TORRABADELLA

ESTUPIDEZ EMOCIONAL

Lo que necesita saber para protegerse de ella y superarla

Estupidez Emocional - Lo que necesita saber para protegerse de ella y superarla

Primera edición, septiembre 2010
Primera reimpresión, marzo 2011

Estupidez Emocional
Paz Torrabadella

© 2010 – EDITORIAL VIA LIBRO

www.vialibro.com

Derechos exclusivos de edición en español para todos los países del mundo. Reservados todos los derechos. Queda prohibida, sin la autorización escrita de los titulares del copyright, bajo las sanciones establecidas en las leyes, la reproducción parcial o total de esta obra por cualquier medio o procedimiento, comprendidos la reprografía I tratamiento informático, así como la distribución de ejemplares mediante alquiler o préstamo público.

ISBN: 978-84-938096-0-7
Depósito Legal: B. 11.878-2011
Impresión: Gràfiques 92 S.A. – Av. Can Sucarrats, 91 – 08101 RUBÍ (Barcelona)

Impreso en España-Printed in Spain

Introducción de la autora

Desde que en 1997 publiqué mi primer libro, Cómo desarrollar la inteligencia emocional, muchos lectores de las diversas ediciones y traducciones me han hecho llegar sus opiniones y me han destacado un rasgo concreto del libro: su utilidad. Si estas personas lo han considerado así es porque forman parte de un colectivo que se ha propuesto, en un momento determinado de su vida mejorar el modo de conducir sus sentimientos, en definitiva desarrollar su inteligencia emocional.

Realmente, durante estos años se ha tratado y escrito en numerosas ocasiones sobre la inteligencia emocional lo cual seguramente ha servido de ayuda a muchas de las personas que buscaban una mayor comprensión de sí mismas. Por el contrario, poco o casi nada se ha escrito sobre la cara opuesta de la inteligencia emocional –esa gran olvidada que, sin embargo, y lamentablemente, está tan presente en nuestro día a día– la estupidez emocional.

Probablemente en su vida cotidiana usted trata personas que se comportan de manera emocionalmente estúpida, que no se dan cuenta de sus emociones y sentimientos e ignoran los del resto, manteniendo, en consecuencia, una actitud poco consciente y perniciosa. Las personas que se conducen de esta forma son generadoras de una enorme cantidad de sentimientos desagradables –tanto en ellos como en quienes les rodean– los cuales, además de innecesarios resultan perjudiciales.

La estupidez emocional es sumamente invasiva, porque al contrario de la inteligencia emocional cuyo cultivo requiere cierto esfuerzo personal, ella se desarrolla sin necesidad de estímulo ninguno y por si sola, tal como hace la mala hierba. De tal forma es así, que en no pocas ocasiones la sociedad y nosotros mismos caemos en el abismo de considerarla normal.

Así pues, debemos estar preparados para afrontar la estupidez emocional a la que nos somete naturalmente la vida cotidiana. Este libro nace como un texto de ayuda para protegernos ante la estupidez emocional ya que ésta pone a prueba nuestra inteligencia emocional y, solo si la reconocemos, podremos aprender a superarla.

Sea cual sea su circunstancia personal, social o laboral, tarde o temprano le extraerá rendimiento a este conocimiento, pues los estúpidos emocionales están por todas partes: en nuestro entorno familiar y laboral, en la calle, en las relaciones amorosas, en la política...

Espero que estas páginas le ayuden a lidiar con ellos de un modo satisfactorio y efectivo y que su lectura le depare buenos momentos y ganas de compartirla. Ha sido escrito partiendo de la base de que ante la estupidez, si practicamos el sentido común, sonreír nos resultará un ejercicio cada vez más sencillo, además de divertido y contagioso.

Por qué y para qué un libro sobre estupidez emocional

A nadie se le escapa que ser emocionalmente estúpido entraña enormes ventajas y alicientes para quienes lo convierten en el santo y seña del camino de sus vidas. La crítica gratuita, que les libera de la responsabilidad porque los culpables siempre serán los otros; la auto - compasión, con la que se otorgan el derecho de dar lástima y solicitar ayuda; el autoengaño, que les ahorra el esfuerzo que supone mejorar; el apabullamiento, que les permite amedrentar a quienes no se someten a sus deseos; la inhibición, que libera de cualquier iniciativa, dejando que sean los demás quienes breguen con la realidad..., son solamente algunos de sus beneficios. Ante tantas ventajas es comprensible, aunque no justificable, que muchas personas desarrollen y practiquen la estupidez emocional de forma abierta y permanente (estupidez emocional integral), o de manera súbita y ocasional (estupidez emocional esporádica). Todos, incluidas las personas emocionalmente inteligentes, pueden tener sus conductas esporádicamente estúpidas, si bien en ellos lo habitual es que éstas sean reconocidas a tiempo antes de devenir costumbres.

Este manual le mostrará cómo se piensa, se siente y se actúa en la práctica de algunas de las estupideces emocionales más extendidas, a fin de que usted las reconozca a tiempo de modo que pueda protegerse de ellas, superarlas y ponerse a salvo de sus perniciosos y devastadores efectos.

PARTE I:

TEORÍA DE LA ESTUPIDEZ EMOCIONAL

El insensato busca la felicidad en la lejanía
el sabio la hace crecer bajo sus pies
James Openheim (1882-1932)

Qué es la estupidez emocional

Todos sabemos que la inteligencia emocional es el talento para reconocer las emociones así como para posteriormente gestionarlas, hábil y adecuadamente favoreciendo nuestro bienestar y nuestras relaciones personales. Pues bien, la estupidez emocional consiste en todo lo contrario: la insensibilidad ante las emociones propias y ajenas, así como una gestión emocional torpe e inadecuada que complica y empeora innecesariamente cualquier vínculo con otra persona.

Si bien en un primer contacto, el estúpido emocional puede pasar desapercibido, basta un trato continuado o coincidir con él en una situación complicada para que se haga evidente su enorme predisposición a los sentimientos negativos, los cuales genera y aumenta exponencialmente sin una necesidad aparente. El estúpido emocional se retrata a sí mismo creando enormes conflictos a partir de los incidentes más nimios.

Que alguien carezca de inteligencia emocional no le sitúa, necesariamente, en el terreno de la estupidez emocional. De hecho, consideramos que alguien es un estúpido emocional integral solo cuando es contrario a todo cuanto representa ser hábil con las emociones.

Todos estamos expuestos al riesgo de manifestar eventualmente alguna conducta emocionalmente estúpida. Dado que la estupidez emocional es algo de lo cual, como veremos, no se libra nadie, será nuestra capacidad de darnos cuenta de ella, lo que marca las diferencias.

De igual modo que la inteligencia emocional, la estupidez emocional es independiente de la inteligencia abstracta: alguien puede ser estúpido emocional al margen de su cociente intelectual o de su formación académica. Así pues, se puede tener un cociente de inteligencia destacable en cualquier sentido –bien sea por alto o por bajo– y ser, sin embargo, estúpido emocional.

Evidentemente, aquellos individuos que combinan un potente cerebro, un coeficiente intelectual elevado, con una alta afición por la estupidez emocional, representan un gran peligro potencial, especialmente si ostentan un cargo jerárquico respecto a otros, por ejemplo institucional con trabajadores a su cargo, o una responsabilidad política sobre el destino de una colectividad o país, etc. Esta peligrosidad de las personas estúpidas dotadas de alto nivel de inteligencia radica en que ellas son capaces de inducir a otros individuos a desarrollar ideas, sentimientos, conductas y situaciones estúpidas. El sistema que usan es trazar previamente un plan para la confusión de sus víctimas, induciéndoles a creer que sus sentimientos no solo no existen, sino que de hecho tienen otros. Los perniciosos efectos de este fenómeno derivan- como advertiremos más adelante- en las más cínicas y perversas circunstancias.

Aunque para inducir a otros a comportarse de modo estúpido, hay quién hace gala de una siniestra y perfeccionada estrategia mental, el desarrollo del comportamiento estúpido en uno mismo resulta mucho más fácil y cómodo. Lo prueba el hecho, de que existen multitud de enormes estupideces cuya realización no implica ni el más mínimo mérito.

La incógnita teórica de la estupidez emocional

¿Ha pensado alguna vez en la gran incógnita teórica que plantea la estupidez emocional humana? Una y otra vez, ante las demostraciones de estupidez emocional, quedamos preguntándonos por qué. Propongamos un ejemplo práctico: usted está en un lugar al que todo el mundo ha acudido para pasar un buen rato, por ejemplo una fiesta de aniversario. Las personas van arregladas para la ocasión. Hace escasos minutos una conocida se ha acercado y le ha saludado con afecto. En un momento dado, alguien se coloca a su lado, y bastante cerca de ella, e inicia una conversación en la que se refiere a su conocida en estos términos: "¿Se ha fijado? Va emperifollada, pero, claro, aunque la mona se vista de seda..." Su interlocutor está poniéndole a usted en un apuro con sus comentarios, puesto que si son oídos pueden herir a una tercera persona. Además, ante la incógnita de si otras personas han escuchado estos comentarios, su interlocutor le sitúa en una circunstancia incierta, inquietante e incómoda, cuando no directamente desagradable y tensa. Lo más incomprensible quizás, es que su interlocutor no extrae absolutamente ningún beneficio de hacer estos comentarios peyorativos: nada bueno se puede esperar de una situación tan desagradable. ¿Por qué lo hará? La incógnita se mantiene porque probablemente no tiene explicación.

¿Por qué el ser humano se comporta –tantas veces– de manera estúpida, dañando a otros y a sí mismo, si con ello no obtiene beneficio alguno? Probablemente, en ninguna otra especie encontramos estas conductas inútilmente nocivas hacia los congéneres. Naturalmente, existen la competencia y la agresión, pero siempre para conseguir algún beneficio, a favor de la propia subsistencia o de la prole o el grupo. En el resto de criaturas el perjuicio hacia un congénere nunca es gratuito e ineficaz, como sí lo es en el caso de la estupidez humana. Más tarde o más temprano, alguien rayará nuestro coche, romperá el espejo retrovisor de nuestra moto, se quejará de forma desagradable porque no le hemos dejado propina o escatimará ese gesto amable que hubiera facilitado tanto las cosas, etc. pero, tras leer el presente manual, estaremos más preparados para superarlo.

Puede que nunca logremos comprender del todo la estupidez, pero si la reconocemos y detectamos a tiempo, sabremos como vivir mejor con ella a su pesar. Aprender sobre algo de lo que la vida cotidiana nos proporciona tantos elementos y tanto material siempre resulta útil. Incluso, cuanto más increíbles y disparatados son los casos de estupidez, más cómicos resultan si somos capaces de interpretarlos adecuadamente.

El estúpido emocional ¿nace o se hace?

Sí, la estupidez emocional es la incapacidad para darse cuenta de las propias emociones y el consiguiente desatino a la hora de gestionarlas e implica falta de empatía, intolerancia a la frustración, crítica gratuita e indiscriminada, victimismo, auto desprecio, envidia, compulsión, obstinación y agresividad. Estas discapacidades pueden darse de forma aislada o presentarse simultáneamente, aumentando la peligrosidad del individuo que las ostenta.

Aunque estos rasgos, como veremos, aumentan con la práctica, lo cierto es que las personas nacemos con cierta predisposición innata a desarrollarlas. Obviamente, aquellas personas que durante su infancia han estado expuestas a modelos estúpidos, los imitan e implementan en su edad adulta con más facilidad. No obstante, es importante remarcar que la estupidez que desplegamos no siempre viene determinada por la influencia parental o de los adultos que nos educaron. La educación puede contribuir en cierto grado, pero el mérito-tanto de nuestra inteligencia como de nuestra estupidez emocional actual-somos cada uno de nosotros quién lo detenta.

Realmente, todos tenemos la oportunidad, ya de adultos, de investigar en nuestro interior, de conocernos a nosotros mismos, de aprender a conducir nuestras emociones para estar mejor con nosotros mismos y, en consecuencia, con los demás. Pero hay quien no se plantea nunca esta posibilidad, son personas rígidas en su pensamiento que se mueven en dicotomías del tipo "blanco o negro", "sí o no", "bueno o malo", que se convierten en jueces de todo y de todos, pero que nunca reconocen sus propios errores. Estos, dependiendo del segmento profesional o social en que se encuentren pueden resultar peligrosos poseedores de la verdad absoluta, mesías que nadie espera y a quienes nadie ha llamado. Aparentemente, pueden tener el aspecto de seres humanos normales, pero su contacto continuado resulta esencialmente pernicioso porque complican la existencia de los demás y despiertan animadversión entre quienes de verdad los tienen que soportar. Algunos rasgos que nos pueden ayudar a distinguir a estos "estúpidos puros" son:

I. Carecen de amistades genuinas.

II. Crean mal ambiente en su entorno, pues complican las cosas de modo desmesurado y cultivan malos sentimientos.

III. Son muy susceptibles, como sistema aprendido para defenderse del rechazo que suscitan, sin aprender, ni mejorar nada al respecto.

IV. Son malpensados, fervientes cumplidores del viejo aforismo: "Se cree el ladrón que todos son de su condición".

Como decíamos, las posibilidades de mejora del talento emocional para una persona que no se ha planteado nunca si su manera de actuar puede no ser la óptima –ni tiene intenciones de hacerlo–, son escasas, ya que estos rasgos relacionados con la personalidad se mantienen muy estables a lo largo del tiempo. Se puede cambiar a nivel emocional y psicológico reduciendo el nivel personal de estupidez emocional, pero solo a base de proponérselo realmente y perseverar con esfuerzo.

¿Cómo se desarrolla la estupidez emocional?

Todos, en un momento determinado de nuestras vidas, somos capaces de manifestar alguna conducta reveladora de estupidez emocional. Esto significa que, en ciertas circunstancias, toda persona puede practicar el pensamiento, el sentimiento y la conducta estúpida y, si persevera en ello, arraigar una actitud estúpida que, una vez asumida, resulta difícil de erradicar. El fundamento de la estupidez emocional es, precisamente, el tiempo, puesto que si alguien repite una estupidez el suficiente número de veces, acabará considerando que esta actitud es lo normal, la defenderá y la incorporará, definitivamente, en su día a día.

Todos conocemos personas que han demostrado ser inteligentes en muchas áreas de su vida pero se prueban absolutamente estúpidas en un asunto concreto. Por ejemplo, esa chica inteligente, eficaz y amable, cuyas relaciones sentimentales son siempre un desastre, o aquel hombre genial en sus conocimientos y reflexiones, un éxito en los negocios, pero que como padre se revela absolutamente torpe y contraproducente en todas sus acciones... Seguro que usted conoce más ejemplos. Todos ellos tienen un denominador común, un error que el mismo sujeto no reconoce y, por tanto, repite sistemáticamente, con todo el dolor y pérdida de energías que esto implica. Para colmo, quien realiza una estupidez es probable que cometa otras para auto justificarse.

Usted dispondrá en abundancia de anécdotas que prueban lo sometidos que estamos a los exabruptos de la estupidez. Visto que la estupidez emocional nos acecha en cualquier sitio, trataremos de como entrenarnos para superarla mediante estrategias y ejercicios diseñados a tal efecto.

¿Cómo defenderse de la estupidez emocional?

Alguien dijo que la estupidez es una enfermedad curiosa, pues no la sufre quien la padece sino quienes le rodean, y precisamente por eso, las personas que se comportan de modo estúpido tienden a perseverar, pues no perciben razones para enmendar su forma de actuar. Entonces, debemos prepararnos para reaccionar adecuadamente ante la estupidez de un modo consciente y eficaz. Si queremos estar protegidos ante la estupidez emocional, lo primero es aprender a reconocerla a tiempo en cualquiera de sus manifestaciones, empezando por las más cercanas. De forma general, la estupidez emocional asalta nuestra existencia desde tres ángulos y por tanto, debe afrontarse desde cada uno de ellos:

El de nuestro interior. Resulta obvio que, como seres humanos, estamos expuestos a desarrollar eventualmente pensamientos, sentimientos y acciones estúpidas y, por tanto, tenemos que estar alerta para detectar cualquier indicio en nosotros mismos lo antes posible.

Desde nuestras relaciones próximas. Todas aquellas personas con quienes mantenemos vínculos –amigos, familiares, vecinos, compañeros, etc....– también son susceptibles de desarrollar en un momento u otro la estupidez emocional. Nos conviene aprender la forma más saludable posible de sobrellevar dichas situaciones. Nos interesa aprender cómo se complican nuestras relaciones obligadas y las herramientas de las que disponemos para que la estupidez emocional no prospere indefinidamente y dé al traste con el buen entendimiento.

Desde lo social. Las personas en general, como colectivo, pueden ser un potencial productor de conductas estúpidas: las modas autolesivas, las guerras en su manifestación más extrema, los movimientos sociales represivos, las sectas, las conductas xenófobas, los enfrentamientos nacionalistas... constituyen solo algunos ejemplos de cómo la estupidez emocional humana en su vertiente social causa estragos irrefrenables y de consecuencias, a menudo, trágicas. Es en este terreno donde nuestra capacidad individual de defensa tiene más limitaciones y donde la inteligencia colectiva no existe o no logra imponerse.

En la siguiente y segunda parte se describen diez fundamentos clave de la estupidez emocional para que los reconozcamos en nuestro día a día y así podamos superarlos airosamente.

En la última y tercera parte de este libro, el lector encontrará un compendio –que no pretende ser exhaustivo– pero sí representativo de las situaciones en que más comúnmente se desarrolla en la práctica, la estupidez emocional.

Por desgracia, la lista de los posibles ejemplos sería inacabable, pero he elegido algunos entre los que creo más ilustrativos. Ojalá, usted se tome el tiempo de confeccionar su propio compendio.

Sea cuál sea el fruto de las reflexiones de cada uno de nosotros, resulta esencial que nos ejercitemos y seamos coherentes con lo comprendido, en pro de la inteligencia emocional, el sentido común y en suma el bienestar propio y de los demás.

PARTE II:

DIEZ FUNDAMENTOS DE LA ESTUPIDEZ EMOCIONAL Y CÓMO LIBERARNOS DE CADA UNO DE ELLOS

El que no sabe y no sabe que no sabe es un necio;
evítalo.
El que no sabe y sabe que no sabe es un ignorante;
enséñale
El que sabe y no sabe que sabe está dormido;
despiértale.
El que sabe y sabe que sabe es un sabio; síguele
San Mateo

Los fundamentos de la estupidez emocional y cómo liberarnos de ellos

En esta segunda parte se resumen algunos de los conceptos matrices de nuestra capacidad humana para la generación de estupidez emocional. Por donde quiera que vayamos, o sea cual sea la parte de la historia en que nos concentramos, no solo encontramos amplias muestras de estupidez sino que la mayoría de las estupideces que se dan por sentadas, constituyen un patrimonio asumido y compartido.

Normalmente, los necios se alientan en su irracionalidad mutuamente, incluso, a veces, compiten entre ellos en la creación de estupideces más y más notorias.

Naturalmente, cada uno de los miles de millones de seres humanos vivos considera que su visión de la realidad es la que cuenta. Ello resulta lógico, pero se convierte en un problema de dimensiones descomunales si cada uno de ellos, pierde de vista que ante las realidades de todos los demás, la suya tiene un peso ponderado relativamente pequeño. Esto que podemos llamar el absolutismo irracional (incapacidad de relativizar unida al egocentrismo) viene ejemplificado por aquel matrimonio que pasea de la mano por delante de una guardería a la hora en que los padres van a buscar a sus hijos y uno le dice al otro:

–"¿Has visto, cariño? Cada uno de estos padres cree que su niño es el más bonito."
A lo que su pareja le contesta:
–"Claro, vida, porque no han visto al nuestro."

Es así como nuestra incapacidad para relativizar mantiene a la mayoría de personas en un estado de "semi-inconsciencia-no-consciente" y solo con darnos cuenta de que "solemos estar inconscientes" ya avanzamos cualitativamente.

Una de las formas en que las simplezas consiguen asentarse como normalidad procede del uso discriminado y tendencioso de las palabras que conduce, obviamente, a la distorsión del razonamiento. Cuando ha llegado el momento en que la semilla de una determinada conducta estúpida se desarrolle y arraigue en una sociedad, esta genera expresiones o giros lingüísticos mediante los cuales la tal necedad pasa desapercibida. Esa población altera así su forma de discurrir mediante el cambio de sus expresiones. Lo realmente grave y ello supone un gran triunfo para la estupidez, se da cuando los medios de comunicación de masas y la población incorporan estas expresiones enmascaradoras y anestesiantes (Por ejemplo, se refieren a la invasión armada con la expresión eufemística de "expansión nacional", o hablan de "guerra preventiva", para referirse al asesinato masivo, acuñan expresiones como "limpieza étnica", o se bautiza a la prohibición de la enseñanza en un idioma como "inmersión lingüística", o para referirse a una banda terrorista se habla de "comando" o en vez de recesión económica se dice "crecimiento negativo", o en lugar de aborto se dice "interrupción del embarazo".Todos reconocemos muchas de estas expresiones, que vienen a enmascarar la realidad de modo que parezca lo que al movimiento colectivo le conviene, para sesgar la percepción del concepto y por tanto, alterar los sentimientos que suscita el mismo.

En la historia de la humanidad abundan los ejemplos de como las mayores y más estúpidas atrocidades han sido efectuadas por multitudes enardecidas tras acuñar un término que las disfraza de "concepto normalizado y razonable".

La única defensa que tenemos para reaccionar ante las estupideces que han alcanzado este nivel de "aceptación colectiva" es el desarrollo – a nivel personal e intransferible - de un firme criterio propio, que sintetice e integre los principios del talento o conciencia emocional.

Si fuera cierto que somos animales racionales, los demagogos que construyen imaginarios enemigos comunes para agitar las masas según su conveniencia tendrían algo más de resistencia. Pero la historia demuestra que resulta inmensamente fácil manipular el sentido común de la población.

Si bien el ejercicio de integración consciente es un cometido propio de cada uno de nosotros, a continuación presentamos una muestra de cómo podrían ser resumidos los principios de la estupidez emocional humana en general y sus posibles antídotos. Sirvan cómo simples ejemplos para que el lector, se anime a la determinación de aquellos que a su entender serían más relevantes.

En esta vida plagada de principios estúpidos, desarrollar nuestro criterio propio y la costumbre del bienestar entraña un loable esfuerzo. Ánimo, y suerte, estimado lector, pues tiene un enorme mérito el reto que tantas personas inconformistas nos proponemos conseguir: reconocer la estupidez emocional para librarnos de ella.

Fundamento 1º de la estupidez emocional: Inconsciencia inconsciente

Aunque el ser humano se auto-denomina animal racional, da pruebas claras constantemente de su falta de racionalidad. El problema es por tanto doble; no solamente se comporta mayoritariamente de forma inconsciente sino que, además, está convencido de ser consciente. Esta "inconsciencia no consciente" es la base de la estupidez emocional. Analizaremos en qué consiste ser consciente, qué se consigue con ello, y cómo lo conseguimos.

LA CONCIENCIA DE LOS PROPIOS SENTIMIENTOS

La conciencia bien entendida comienza con uno mismo, e implica el ser testigo de cuanto pasa en nuestro interior: las propias percepciones corporales, o sensaciones, los procesos emocionales y sentimentales, así cómo las ideas y pensamientos en nuestra mente. Si reconocemos cuanto experimentamos en nosotros mismos, mediante el contacto con lo que sentimos, logramos cierto control y poder sobre nuestra existencia.

Pongamos un ejemplo: si Usted se encuentra en una cola de espera dentro de un establecimiento y alguien se le cuela, puede sentir rabia por la injusticia o ansiedad. La persona inconsciente de sus sentimientos reaccionará de una de estas dos formas: bien sea dejándose llevar por la rabia y montando un espectáculo colérico, o bien dejándose llevar por el miedo, callando y sintiéndose resentida e indignada. Por el contrario, una persona consciente, atiende a cómo se siente, y piensa correctamente, así que aunque la situación le altere algo a nivel fisiológico, no se embarcará en interpretaciones, por el contrario, con serenidad observará que es lo que pasa dentro y fuera suyo para desvelar la incógnita. Por ejemplo, intervendrá preguntando a quién se le ha colado, si sabe que ella estaba primero. Si aquella persona reacciona bien estará todo arreglado, pero si la persona niega la evidencia, podrá decirle tranquila y claramente que ella sabe que esto no es así y que si se cuela está haciendo algo improcedente. El haber sido consciente de sus emociones, sensaciones y pensamientos, le ha permitido reaccionar racionalmente, sin necesidad de añadir ira, ansiedad, vergüenza ni otro sentimiento desagradable.

No podemos impedir acontecimientos desagradables pero si somos conscientes, podemos reconocer la situación raudamente y así -siendo conscientes- mantenemos la serenidad y la firmeza.

La conciencia de cuanto pasa en nuestro interior nos hace seres más dignos y responsables de nuestros actos y sentimientos.

SOBRE EL CONTROL DE LOS PROPIOS SENTIMIENTOS

Para hacernos más dueños de cuanto pasa en nuestro interior debemos conectar con nuestras sensaciones. Ello implica atender a nuestra experiencia somática mediante el aumento de nuestra conciencia corporal. Si enfocamos cuanto nuestro cuerpo sabe y lo observamos, ello nos permite una actitud más controlada. Por el contrario, si simplemente *frenamos el pen-*

samiento sin atención a más, entramos en un estado de evitación (pasando a otra cosa) o de somnolencia (aletargándose).

Esta actitud más "consciente de si mismo", es lo que procuran que obtengamos cualquiera de las técnicas de superación cuerpo-mente. Todas ellas tienen algo en común, invitan al practicante a concentrar su atención en el centro de su cuerpo (ombligo) como punto energético clave. Normalmente estamos centrados en nuestra actividad mental. Entonces, nuestro cerebro tiene un nivel de actividad alto, típico del estado de vigilia (ondas beta), pero cuando la actividad de nuestro pensamiento mengua y se relaja, entramos en estado de ensoñación (ondas alfa), y en el caso de que la relajación se profundice todavía más, comienza la actividad más baja que le sumerge en el sueño fisiológico. (ondas delta). Simplificando, podríamos decir que la manera de ampliar la conciencia y por tanto el control sobre nuestros propios sentimientos la practicamos mejor cuando la actividad de nuestra corteza cerebral o pensamiento (cerebro nuevo o necórtex) amaina, pero si que mantenemos la actividad del tronco cerebral (mesencéfalo o cerebro límbico), es decir nos mantenemos despiertos pero estamos en ondas alfa. Esto sucede así, porque entonces mantenemos la conciencia despierta y el pensamiento calmado, lo cual nos permite enfocar bien nuestras sensaciones interiores, con claridad y sin interferencias.

Además, cuando estamos en este estado medio de actividad (ondas alfa) nuestro hemisferio derecho (el cual rige la parte izquierda del cuerpo) se expresa mejor. Entonces. nos es más fácil tener comprensiones globales, percepciones creativas, corazonadas, intuiciones... esas visiones a las cuales llega usted de golpe y sin esfuerzo y que le revelan una perspectiva totalmente nueva y avanzada de un mismo tema.

El verdadero control de los sentimientos propios, consiste en que una vez nos hemos dado cuenta de nuestras sensaciones físicas las observamos aprendiendo de ellas, pues son fieles indicadores de lo que nos sucede y lo que nos conviene, conduciéndonos de forma consecuente al respecto. Ello nos requiere crear y mantener la calma suficiente con regularidad.

Cómo decíamos, afortunadamente, existen muchos métodos para que avancemos en este sentido, logrando situar nuestra actividad cerebral en ondas alfa, por ejemplo: cerramos los ojos y cada vez que inspiramos miramos con los párpados cerrados hacia arriba sin mover la cabeza y hacia abajo de nuevo, para sacar el aire después. Repetimos la operación del orden de unas cinco veces.

Cada persona puede encontrar cuales son aquellos métodos que le resultan más útiles, para conectar con sus propias sensaciones y despertar la conciencia serena de los sentimientos que estas denotan.

AUTOCONTROL Y ACTITUD TESTIMONIAL ANTE LAS EMOCIONES

¿Cómo comprender nuestros sentimientos? Contactemos con las sensaciones físicas que nos despierta una cuestión, es decir sus efectos físicos en nuestro interior. Pronto observamos que las sensaciones se convierten en más llevaderas y útiles si las contemplamos, e incluso las emociones negativas como la rabia, o la angustia, o la pena pueden ayudarnos a ver lo que conviene, si las observamos dándonos cuenta de lo que agrava y lo que sana nuestras huellas sensoriales.

Cuando enfoca así sus reacciones somáticas interiores usted se da cuenta de que cobran más entidad y al mismo tiempo las maneja mejor. Por ejemplo, formulará sentencias del tipo: "esta persona me es como un plomo", o "con ese bebé me derrito", o "cuándo me enteré me quedé de piedra", o "hice tal ridículo que noté un planchazo en todo el estómago...".

Por el simple hecho de "ver" nuestras emociones frecuentemente ya nos conducimos mejor. Además, esta conciencia de lo que sucede en nuestro interior emocionalmente unida al instinto de supervivencia innato, nos permite integrarlo, digerirlo y transformarlo en algo que nos nutra.

Por ejemplo, si alguien esta muy enfadado pero es consciente y considera esta quemazón sentida en su interior, se permite estar por encima de ese ardor. Gracias a esto podrá observar, qué cambios en su actitud interior le facilitan una mejora a dicho ardor; una evolución del mismo a una sensación más grata, más sana; mejor. Ese cambio actitudinal hacia lo sentido en su físico entraña la clave del control de su sentimiento.

Todo cuanto usted reconoce y revela que sucede en su interior, le otorga dominio sobre esa situación; usted es el testigo que lo observa, y eso le dota de poder para controlarse.

MANTENGA SU PRESENCIA

Hay personas y situaciones estúpidas que le retan porque le imponen algo que le cuesta aceptar. Quizás le obliga a ver una parte que preferiría ignorar, pero puede soportarla si es capaz de observarla. Se trata de espirar ante sus sentimientos sentidos físicamente, "ni actuar mecánicamente", "ni reprimir y evadirse reactivamente", sino solo dejarse estar y ser consciente de lo que usted siente. Ello le ayuda a distinguirse a usted de sus sentimientos. Usted pasa a ser quién "observa conscientemente" y ello le ayuda a relativizar, aceptar y capear las olas de ese temporal de emociones desagradables. Habrá aprendido a conducir sus emociones plenamente cuando sea capaz de mantenerse presente siempre y a pesar de todo cuanto esté pasándole.

El mantenimiento de nuestra presencia no es algo fácil, sino una señal de poder interior muy entrenado. Le cuesta porque tiene inculcado que la persona emocional es forzosamente inconsciente y reactiva. Pero puede notar sus afectos intensamente sin "descontarlos", "ignorarlos", "negarlos", "reprimirlos", o "combatirlos", sin "reaccionar", sin "dejar que eso le domine", en suma; sin "ser automático".

Realmente con el ejercicio de mantenerse presente en "situaciones emocionalmente estúpidas" usted está desarrollando su poder interior como un algo físico y real.

Desarrollar nuestra presencia o capacidad de estar conscientes de ser nosotros mismos, es tener en cuenta lo que sentimos, aceptarlo, reconocerlo, enfocarlo, afrontarlo, contemplarlo y en suma aprenderlo y dominarlo.

Fundamento 2º de la estupidez emocional: Egocentrismo

Las personas preocupadas únicamente por lo que los demás piensan de ellas, piensan muy poco, o nada, en los demás. Se engañan al valorar su importancia, pues sólo ellas se creen que son el centro de la vida . Lógicamente, el centro de la vida de los otros son los otros, cada uno de la suya.

EL AUTOENGAÑO

El auto engaño está muy extendido. Si todavía lo duda, pregunte y verá: más de la mitad de las personas están convencidas de que son más inteligentes, que la mayoría. Los resultados los podrá replicar si pregunta muchas otras cosas: la mayoría cree ser más atractiva que la mayoría…. y más simpática…, y más feliz, etc.

La historia de la humanidad trata de guerras, conflictos y destrucción mutua. Las personas raramente se comprenden. La razón de que casi nadie se comprenda está en que nadie puede ser comprensible si antes no se comprende a si mismo. Realmente una persona no se comprende a si misma prácticamente nunca, porque tiene ideas erróneas sobre si misma. Mientras esto sucede, está engañada, y por tanto siempre que piensa o habla de sí se engaña así misma así que, necesariamente o engaña a los demás o combate con ellos. No podemos decir que "miente" porque casi nunca hay intención de decir mentira, sino pura inconsciencia. Lógicamente, los demás a su vez tienen casi siempre sus propios engaños y por tanto, sus motivos para combatir.

Esto explica los enfrentamientos, odios, resentimientos y guerras familiares, vecinales, sociales, racistas, nacionalistas, religiosas, que encontramos en cualquier punto del planeta y lugar de la historia. Si bien todos queremos paz y comprensión "sobre el papel", en cuanto otro empieza a hablarnos de todas esas cosas que creemos de nosotros mismos y de nuestra vida que son evidentemente falsas para el resto, lo primero que hacemos es sentirnos muy contrariados y en la mayoría de las veces mirar para otro lado, desaparecer, airarnos o –frecuentemente– atacar.

La estupidez pura opta por auto destruirse antes que mejorar. Las verdades escuecen, así que la mayoría de humanos se dice: ¿Para qué comprender quién soy yo para los demás, cuando los demás están todos empeñados en mantener que mis pretensiones son falsas? ¿Qué maldita falta me hace saber quién soy yo para esos idiotas que son los demás? "Mi vida funciona, y que nadie se meta en opinar cómo. No importa cuantos sean..."

Tal como Woody Allen en su película Match Point, cuando conduce por una carretera inglesa por el carril contrario diciéndose: "¡Estos ingleses, criminales... conducen todos del revés!" Así de cómicamente funcionamos habitualmente los mortales y así nuestras vidas suceden como cualquier otro mecanismo predestinado a seguir del mismo modo operante y acabar de forma muy predecible.

Los engaños que mantiene el humano sobre su persona y su vida, resultan frecuentemente aparatosos para casi todos menos para él protagonista y hacen que los choques sean necesarios. Si alguien cree que va por el carril que se debe conducir cuando de hecho, va por el prohibido, en cuanto se le cruce otro, el choque está garantizado. Muchos encontronazos proceden de esta auto indulgencia extrema tan típica del ser humano a la hora de "darse cuenta de lo que hace".

NO ES QUE LA REACCIÓN ESTÚPIDA SEA ILÓGICA, ES QUE TIENE OTRAS PRIORIDADES

Todos sabemos que caracteriza a algunas personas emocionalmente estúpidas el que son capaces de perjudicarse a si mismas sin sacar ningún provecho a cambio. Así como en nuestras interacciones perseguimos un beneficio de nuestros intereses (provecho propio) o los del otro (caridad o benevolencia) una persona que actúa de forma emocionalmente estúpida, es capaz de perjudicar sus propios sentimientos o los de los demás por el simple hecho de hacerlo y sin extraer de ello ninguna ventaja.

Frecuentemente, el componente absurdo por carecer de ventajas resulta obvio incluso para la persona que actúa estúpidamente, la cual al ser preguntada sobre "Para qué se porta de ese modo", nos contestará "Sí, sé que no debería hacerlo, pero..." cualquier motivo o justificación. Así por ejemplo, las ventajas neuróticas de quién sigue adelante con un vicio como por ejemplo la ludopatía, o adicción al juego, podrían ser la comodidad de no tener que seguir una disciplina ni un tratamiento, ahorrarse esfuerzos, mantener la ilusión y excitación provisional que su conducta adictiva le reporta, etc.

Explicamos el misterioso fenómeno de que una persona sea emocionalmente estúpida, emprendiendo acciones que le perjudican a ella o bien a quién le conviene beneficiar sin extraer ventaja alguna, mediante el concepto "ventaja neurótica". Estás son las "justificaciones" que alega quién actúa estúpidamente.

COMO PEZ EN EL AGUA EN EL PROPIO DISCURSO

Una vez usted tenga asumido y en cuenta, que la persona emocionalmente estúpida de enfrente no percibe dentro de su sistema de creencias ninguna motivación suficiente para mejorar, entenderá que las cosas podrían estar mucho peor de lo que están y con sus argumentos no existe esperanza alguna: La otra persona no quiere comprender la situación, sino seguir adelante tal como lo hace, eliminando cualquier tipo de oposición. Tendrá que darle la vuelta usted a la situación... o el choque inútil y destructivo será cada vez más inminente.

Pongamos un ejemplo de cómo un discurso atrapa a la persona y se realimenta indefinidamente: Ana es una chica preciosa, de rasgos perfectos y con la figura de una maniquí, pero es hermana de otra chica de excepcional belleza, así que en su infancia las llamaban a ella "La rubia" y a su hermana "La guapa". Ella creció convencida de que la guapa es la otra, y por tanto se cree fea. Cuando llega a la adolescencia va a las fiestas y se esconde, por timidez al creerse fea, de modo que ningún chico se fija en ella, con lo cual ella interpreta que sucede así por su presunta fealdad, y para ahorrarse el imaginado desprecio en la siguiente ocasión ella todavía se esconde más, y así hasta que deja de ir a fiestas y por fin deja de tratar amigos.

Todos conocemos personas muy guapas que como Ana viven la vida de feas, porque están atrapadas en un discurso, así como otras que viven la vida de guapas sin serlo en absoluto, incluso ricas que viven la vida de pobres, y tiranas que se consideran y viven como salvadoras…, y es que el " discurso psicológico" en el que una persona vive no siempre tiene mucho que ver con su realidad, sino con su interpretación de la misma.

Tal como un pez no comprende lo que es el agua, ya que su vida sin agua ni existió ni la contempla posible, la mayor parte de problemas humanos a nivel psicológico se basan en esta "incomprensión de lo que a uno mismo le envuelve". Esta ignorancia de los sistemas o medios en los que vivimos inmersos, resulta obvia desde fuera, pero tenemos claras dificultades para ver lo que nos resulta demasiado cercano.

Igual que los peces viven en el agua, también nosotros existimos atrapados dentro de ciertos discursos o "interpretaciones de la realidad" en los que vivimos inmersos, que nos condicionan a pensar, sentir y actuar de una manera dada que a su vez retroalimenta dichos discursos. Citemos solo tres ejemplos, de discursos problemáticos que se alimentan a si mismos:

...nivel personal	...nivel inter personal	... nivel social
Me siento vacío	Hago como si nada	Vivo en la indolencia
Me siento acelerado	Corro siempre	Me olvido las cosas y llego tarde
Me siento envidioso	Me aíslo o lamento de mi	Adopto actitudes aislacionistas

Lo que ayuda a darse cuenta de la situación es el reconocimiento de que existe una retro alimentación, un nivel, causa el otro y el último, genera el primero. , de modo que se perpetúa el equilibrio "cuánto más.... (Nivel) más.... (Siguiente nivel)".

La verdadera causa de la perpetuación de cada discurso y de su ·"*status quo*" *está en que se obtiene algo del mismo , aunque sea* insatisfactorio. Para liberarse del discurso que le atrapa, la persona debe comprender para qué le sirve el mismo en los diferentes niveles de su vida, preguntándose:

- ¿Qué logro con ello?
- ¿Cuál es el saldo final que consigo perpetuando mi discurso?

El "resultado" suena normalmente estúpido o insensato, del tipo: "me permite no disfrutar de la vida", "logro poder quejarme", o "consigo confirmar que la vida es demasiado difícil", o "pruebo que la justicia no existe", esto son objetivos, que satisfacen unos valores de vida muy limitados y que muchas veces desembocan en "sufro tanto que merezco alguien que me salve", o "lo paso peor o igual que mis padres". Ciertas creencias absurdas como por ejemplo, "Si estoy lo bastante mal, otro, de pronto, se hará cargo por fin de mis deficiencias", o que "sería impertinente de mi parte ser más feliz que quienes están o estuvieron conmigo", forman parte del agua emocional en que gran parte de la humanidad nada y subsiste sin darse cuenta.

No es agradable encajar la verdad; que aquello que nos ilusiona pensar que es nuestro "rasgo diferencial" es nuestro "defecto". Por ejemplo, es incómodo averiguar que lo que consideramos nuestra "pulcritud" es nuestro carácter cascarrabias, que nuestra pretendida "amabilidad" es ridícula hipocresía manipuladora, que nuestro automático "voluntarismo" es afán individualista de vanagloria fanfarrona, que nuestra "sensibilidad" es penosa envidia victimista y nuestra imaginada "prudencia" mezquina avaricia, y nuestra "fidelidad" simple asquerosa cobardía y nuestras "ganas de diversión" individualista gula desconsiderada y abusona, que nuestra supuesta "valentía" es repugnante y avasalladora brutalidad y nuestra "serenidad" pura y simple pereza. No tenemos ningunas ganas de comprender quienes somos, no es divertido, ni agradable, ni fácil, ni nos llena de gozo saberlo.

Fundamento 3º de la estupidez emocional: Mecanicidad

Generalmente, comportarse de modo estúpido es más fácil, es más usual y es gratis. Además la práctica genera una inercia y una vez en marcha, lo que cuesta es parar. Por ello no debería chocarnos que sea estadísticamente normal, cada vez que somos testigos de una estupidez ajena.

LOS PROGRAMAS INSTALADOS EN LA MÁQUINA DE NUESTRA MENTE

Todo el mundo sabe a qué nos referimos cuando decimos: "Juan en el trabajo se transforma" o "Ramón con su madre es otra persona", o "Dentro de mi hay una persona muy rabiosa que prefiero no mostrar"… Nadie es sencilla y llanamente siempre el mismo. Toda persona, tal como un ordenador tiene varios programas, los cuales son para algo y en cada uno la persona interpreta un papel diferente; con unas prioridades, unas actitudes, incluso hasta un tono de voz. Los papeles de una misma persona en cada uno de sus programas son a veces tan distintos entre si que son opuestos, y a veces se contradicen o incluso se enfrentan por ser incompatibles.

Si nos hacemos conscientes de estos roles que habitan dentro de nosotros, nos volvemos más conscientes y por tanto menos estúpidos. Pero cuando funcionamos como una máquina automática, tenemos la ilusión de ser espontáneos, solo porque hay dentro nuestro más de un programa: si actuamos desde uno, ignoramos los otros hasta el punto de confundirnos con el programa que estamos ejecutando.

Si reconocemos los distintos programas que puede ejecutar nuestra mente y el papel que ejecutamos en cada uno de ellos, será esa parte de nosotros que reconoce, la que decide.

CÓMO FUNCIONA QUIEN LO HACE MECÁNICAMENTE

Nuestros diferentes programas emocionales dejados a sus anchas, nos hacen actuar de forma inconsistente o antitética sometiéndonos a luchas interiores, desgastes y fracturas. La forma que tenemos de poner orden es reconocer cada uno de nuestros programas emocionales: saber qué hace, cómo se le distingue, cuándo toma la batuta de la orquesta de nuestra vida, y en suma de qué forma se le reconoce. Una vez los tenemos fichados o reconocidos a todos, van entrando en un orden y acostumbrándose a que ellos no son realmente "quién" somos, sino solamente uno de nuestros modos esporádicos de comportarnos.

Por ejemplo: una persona quiere preparar un examen, está decidido y se compromete a hacerlo, pero cuando entra en el programa de acción prefijado que podemos llamar del "perezoso", se encuentra con que solamente percibe razones para holgazanear y hacer cualquier cosa en vez de estudiar. En realidad, la persona que se debate entre dos programas contrapuestos, solo tiene la alternativa de aceptarlos, reconocerlos y escucharlos a ambos. Mientras oscila entre hacer ver que no existe uno de ellos, se debatirá consigo mismo.

Siempre que uno de nuestros programas interiores tenga instrucciones contrarias a otro quedamos de algún modo "colgados" de forma que nuestra capacidad de realizarnos plenamente queda limitada.

QUIÉN ESTÁ AL MANDO DEL ORDENADOR ¿O NO HAY NADIE?

Si cambiamos en función del programa de nuestra personalidad que estamos ejecutando hasta el punto de ser radicalmente distintos.... entonces: ¿Quién somos realmente? Para contestar esta pregunta, lo mejor es situarse a la distancia suficiente para darse cuenta de qué sucede en el interior de nuestra mente. ¿Cuántos programas tenemos instalados? ¿Cuáles son los que más usamos? ¿Qué hacemos en cada uno de ellos? ¿Para qué, cuándo y cómo lo ejecutamos? . Gracias a esta pregunta adoptamos una perspectiva testimonial sobre nuestra mente, haciéndonos conscientes de que cada uno de nuestros registros o programas sigue un esquema de reacción trillado y previsible en el que nos sentimos, pensamos, expresamos y actuamos de un modo muy concreto y limitado.

Verá con la práctica que usted dispone de varios de estos programas, en cada uno de los cuales usted adopta un papel o rol diferente y previsible, tanto que los puede incluso bautizar. Póngales un nombre que les cuadre con su manera de proceder acostumbrada, como por ejemplo: "mi yo Sumiso" o "mi yo Resentido", o "mi yo Educativo" o "mi yo Infantil", busque y adjudique a cada cual, el nombre que mejor le defina. Es algo así cómo un juego, en el que lo importante no es lo que hacen o dicen, sino que básicamente cada uno intenta siempre lo mismo y de las mismas formas así que, por tanto, el resultado de sus intervenciones y de sus partidas es siempre igual o muy parecido.

A medida que usted reconoce a sus programas interiores y ficha a los papeles que desempeña en cada uno de ellos, será más consciente de cuál de ellos es el que está protagonizando la ocasión y esta costumbre de darse cuenta de qué programa está ejecutándose mecánicamente, le permitirá detectar lo que realmente sucede en su interior, así como entre usted y las demás personas a nivel sentimental. El resultado es que usted se notará como la persona al mando del ordenador; la que puede cambiar de programa, volver al anterior, e incluso desinstalar o instalar otros nuevos. Usted ya no es entonces la máquina que se repite, si no quién decide.

LAS MÁQUINAS NO SE SUPERAN

Tal como decía Gurdjieff, una máquina se caracteriza por el hecho de que "Ignora que es una máquina". Por tanto, como decíamos, la forma para que dejemos de ser "mecánicos" (=como una máquina) es que reconozcamos nuestros automatismos, solo entonces podemos dejar de ser una máquina. De hecho, es únicamente esa parte de nosotros que "se da cuenta de nuestro repertorio de actitudes" la que puede ser consciente y la entidad por la que constituimos algo más que una máquina. Toda la filosofía, la psicología y cualquier sistema para la mejora personal no funcionarán más que con aquellas personas que reconocen su abanico de actitudes automáticas, y se dan cuenta de cuánto, cuándo y cómo actúan como máquinas.

El ejercicio de considerar nuestros diferentes programas mentales nos permite comprenderlos y nos dota de más libertad.

CONFLICTOS INTERIORES: CUANDO DOS PROGRAMAS TIENEN CONSIGNAS CONTRARIAS

Los conflictos interiores que experimentamos en el inmenso ordenador que es nuestra mente, se deben a que ésta es compleja: de ella, habitan los mecanismos para ejecutar más de una personalidad, cada una con sus respectivas prioridades, cualidades, defectos e historias.

La comprensión de que actuamos dentro de diferentes programas con unas consignas que se repiten, puede sernos de utilidad para resolver conflictos interiores que nos complican la vida. Por ejemplo, una persona que reconoce debería hacer algo, como estudiar, pero luego lo posterga indefinidamente.

Su "yo perezoso", tiene la batuta, sabe que puede postergar y lo hace, consumiendo el tiempo con cualquier excusa, prácticamente todo menos aplicarse. Pero no disfruta nada de ello, pues dentro suyo el programa "Yo aplicado" le está culpabilizando y castigando desde la sombra.

Albert Ellis creía que en realidad el problema estaba en esta lucha interior, y que una vez la pugna se acaba porque ambas partes se reconocen y aceptan la una a la otra, la solución conjunta y estable surge fácilmente. Tal como en una guerra fría, en que basta que una parte deje de armarse para que la otra haga igual.

La sabiduría emocional, incluye el trato amable con uno mismo, considerando que podemos reconocer, comprender y tender un lazo de cooperación entre nuestras contradictorias partes interiores. Esta mediación es ya en si un mérito y corre a cargo de nuestra conciencia... A lo mejor un pacto puede satisfacer a ambos. Es posible ejecutar "no estudiar y divertirse", y lo haremos sin culpabilidad durante una hora pero solo después de haber ejecutado el programa "estudio disciplinadamente" de las 16 a las 18h.

La persona que está al mando del ordenador es la que puede y debe reconocer el conflicto y establecer estos puentes de entendimiento mutuo o mediar entre ambos programas incompatibles

---

Nuestra conciencia es la parte de nosotros que se da cuenta de cada uno de nuestros programas interiores –lo que siente, piensa y procura cada uno de ellos– los comprende y, como un buen mediador, los enseña a aceptarse y cooperar entre ellos.

DETECCIÓN DEL RESORTE PARA GIRAR LA SITUACIÓN

Si queremos solucionar en nosotros una conducta que reconocemos emocionalmente estúpida pero en la que automáticamente reincidimos, por ejemplo: "sé que debería parar de comer patatas, pero no puedo parar", o "me consta que esta persona no me conviene, pero una y otra vez la vuelvo a tratar", o " soy consciente de que he de ser puntual, pero no me logro organizar", requerimos darnos cuenta de cuál es el programa mental que la está generando automáticamente. Entonces, vemos que en ese programa estamos actuando de esa forma porque es la única que está en su repertorio y solo puede repetirla de forma mecánica. Por ejemplo, un hombre de cuarenta años obedece en todo las directrices de su madre y no toma ninguna decisión importante sin consultarle y obedecerle. Él repite esta conducta automáticamente hasta el punto de que no vive su propia vida, sino que es como un muñeco autómata totalmente dirigido por su madre. Él sabe que no debería estar tan influenciado por ella pero afirma que no sabe cómo evitar sentirse terriblemente mal si su madre se enoja. Vive inmerso en un programa que podría llamarse ·"Seré tu muñequito para toda la vida" en la cual él ejecuta el papel de niño enfermizamente sumiso, en vez de vivir la vida del hombre adulto y auto-suficiente que puede ser. El mecanismo que dispara su reacción automática puede ser una creencia errónea tan ridícula como: "Si mi madre se enfadara eso sería terrible para mi". Este sentimiento de compasión o miedo hacia su madre es automático y por tanto no responde a la realidad sino a una idea errónea. Cuando lo entienda, se hará consciente de otro sentimiento que había censurado: la compasión hacia si mismo y el miedo a desperdiciar su propia vida. Puede nuestro hombre asumir que expresada de forma inteligente la sentencia sería: "si mi madre se enfadara, sería relativamente desagradable, pero eso no tendrá más importancia que la que yo le dé porque soy un hombre adulto que sabrá manejar la situación" Ello le liberará del resorte o automatismo que le esclavizaba.

TRES CUESTIONES PARA LA AUTOCOMPRENSIÓN

1. ¿Qué mecanismo o programa mental nos impele a ejecutar esa conducta? ¿Qué nombre le daríamos a nuestro yo en ese papel? ¿Qué le caracteriza? ¿Qué hace siempre? ¿Qué intenta en el fondo, o para qué creo que lo hace?
2. ¿Qué comando (resorte automático) lo ejecuta o desencadena y cómo puede usted reco-

nocerlo, considerarlo, aceptarlo y hacerlo expresarse de forma inteligente?

3. ¿Qué otro programa en su interior puede por sus rasgos, cooperar con este programa para equilibrarlo?

Si queremos compensar nuestros propios mecanismos estúpidos en la práctica, ellos nos demandan cierto grado de auto compasión bien entendida.

Fundamento 4º de la estupidez emocional: Adicción a la infelicidad

En ocasiones, la desgracia y la tristeza despiertan mucho más atractivo que la felicidad, tal como prueba todo el drama que provocamos, pero con el suficiente sentido común dejaría de tener lugar. Para muchas personas complicarse y amargarse la existencia es el entretenimiento principal. Seguramente se nos puede ocurrir algo más constructivo de qué tratar.

LA ESTUPIDEZ VA UNIDA A LA TOZUDEZ

Gran parte de veces, la persona emocionalmente estúpida con su preferencia por los sentimientos negativos, parece movida por el propósito de lograr su propia desdicha y la ajena. En esos casos basta un mínimo de sentido común, para ver que el estúpido emocional incide de modo reiterativo en aquello que sabe será desagradable, tal como si se condujeran por la vida con un piloto automático que incurre en esas conductas que la razón desaconseja. (También existen casos en los que la estupidez emocional va unida a la perversidad y entonces procura intencionadamente la desgracia ajena, pero de eso nos ocuparemos más adelante, en el capítulo titulado negación)

Seguro que usted conoce muchas personas que generan problemas incluso donde no los hay, hasta el punto de convertir en verdaderos dramas asuntos de una trivialidad irrisoria. Si usted recapacita, verá que la proximidad de esa persona estúpida le hace padecer, y que con ella las mismas situaciones incómodas se repiten una y otra vez. (Por ejemplo: hace años que se enfada en cuanto llega a su casa de veraneo, pero sigue optando por el mismo lugar, se ofende por una broma que el mismo familiar le ha hecho miles de veces, etc.)

Cómo la persona estúpida tropieza en la misma piedra y del mismo modo, lo más fácil es que usted "pique" y la situación emocionalmente estúpida de alguna forma se perpetúe.

Ello es desagradable e inútil de modo que cada vez que sucede usted vuelve a sufrir un duro revés y se propone evitar que eso suceda de nuevo. Pero la situación es la misma, la persona la misma, usted aplica los mismos métodos, así que lo más fácil es que la situación por terrible que sea, le enganche otra vez.

Alguien dijo que "todo se contagia menos la belleza" y cómo que la persona emocionalmente estúpida actúa de forma automática, ante su proximidad resulta importante detectar, para evitar cuanto antes, las reacciones automáticas que surjan de usted.

INMUNIDAD A LA ESTUPIDEZ: CÓMO EVITAREMOS EL CONTAGIO

La importancia del control de los propios sentimientos, en cualquier circunstancia viene explicada en el cuento japonés del "Samurai que buscaba las puertas del infierno y las puertas del cielo", el cual cuando por fin encontró al sabio que podía informarle de ello, escuchó de su boca:

−"¿Tú para que osas preguntarme nada del cielo, desastroso y asqueroso, patán? Alguien tan abyecto como tú jamás entraría allí."

El Samurai sintiéndose burlado y deshonrado ante el séquito del sabio, se abalanzó sobre él gritando con la espada en alto:

–"Ahora mismo voy a cortarte la cabeza y sabrás que a mi nadie me habla así."

A lo que el sabio sonriente murmuró:

–"Aquí tienes las puertas del infierno."

El Samurai detuvo su ira con un brillo de comprensión en la mirada y fue a enfundar de nuevo su espada, ante lo cual el sabio le dijo suave y lentamente:

–"...y aquí las del cielo."

No es que lo estúpido, no sea estúpido. Es que lo estúpido debe existir, para que exista lo inteligente. De modo que cualquier acción contra lo estúpido por nuestra parte debe de "combatir lo estúpido, sin estupidez", con inteligencia.

Si combatimos lo malo con más malo, nos rebajamos a la altura de lo malo, nos hacemos peores, así que lo malo paradójicamente cobra fuerza y tiende a ganar.

La lección que ese sabio transmitió al buscador y noble guerrero nos sirve a todos y es que solo si controlamos nuestros sentimientos seremos poderosos y que en ello radica la verdadera respetabilidad y mérito. Notemos que este cuento no aboga por poner la otra mejilla y renunciar a la propia defensa si fuéramos atacados violentamente y nos fuera la vida, sino que trata del control de los propios sentimientos.

Realmente, para controlar la estupidez emocional en nuestra vida debemos aprender primero a controlar el sufrimiento psicológico que ésta nos provoca, a base de reconocerlo y relativizarlo .

Fundamento 5º de la estupidez emocional: Péndulo

Los encontronazos entre personas estúpidas se perpetúan porque cuanto más grande es la reacción de un extremo más fuerte es la respuesta del contrario: ambos ejercen una fuerza contrapuesta proporcional con lo que paradójicamente al intentar la solución cada parte da energía al problema.

POR EL CAMINO CENTRAL

La estupidez emocional permite la perpetuación de la ley del péndulo o los bandazos en la conducta humana. Como observamos en muchas relaciones (entre padres-hijos, colaboradores, parejas...): uno oprime al otro durante un tiempo. Se perpetúa un cierto abuso o maltrato hasta que, de pronto, la situación gira y se invierten los papeles. Por ejemplo, si reñimos y castigamos en exceso a un ser próximo, de modo reactivo e inconsciente, llega un punto en que esto se vuelve contra nosotros (la parte castigadora), que o bien sentiremos culpa y tenderemos a "sobre-compensar" al otro, o pasaremos a cosechar de él la aversión que hemos sembrado.

Si por el contrario, nos dejamos sojuzgar o castigar, finalmente pasaremos de ser la parte maltratada a revelarnos, o como dice la expresión popular "rebotarnos" atacando desproporcionadamente, o bien rompiendo la relación. Ambas reacciones automáticas son extremas y sobre todo, inútiles porque a la larga no contribuyen en nada a mejorar las cosas: cualquier relación personal ha sucedido porque hemos contribuido a crearla –insatisfechos o no– por tanto, si no aprendemos "qué fallo hemos cometido", es improbable que dejemos de repetirlo.

Además, ahora sabemos que también dentro de nuestra mente, sucede lo mismo que a nivel inter-personal, pues tenemos diferentes programas. Desde cada uno de estos programas ejecutamos determinados papeles - los cuales son a veces antagónicos e incurren en guerras prolongadas -de acción-reacción pendular-que nos torturan interiormente. (Por ejemplo los rebotes entre Yo aplicado y Yo perezoso, o entre Yo indolente y Yo tozudo, o Yo obsesivo y Yo dejado....etc.) Lo que funciona, es darse cuenta del péndulo, los modos de acción que desarrolla, observarlos, reconocerlos, pues ello permite entenderlos. Cuanto más comprenda el papel que en cada programa desempeña, y cómo en cada uno de ellos interpreta y siente la realidad, sus reacciones serán más fáciles de ponderar.

Entonces, de forma natural y fácil optará por una actitud mas sencilla, con la cual supere la tensión antagónica perpetuada "entre el modo de ser que hace" y "el que responde" (fuerzas pendulares de acción reacción). El resultado es un alivio y un descanso debido a un pensamiento lógico de calado sentimental y transformador. (Como por ejemplo: "Cada uno hace lo que puede", o "Con más orgullo y tensión todos perdemos", o "Ninguno se merece este dolor", etc.)

Espontáneamente, oscilamos de modo pendular hasta que logramos una visión sentida o integradora, de los conflictos que vivimos Tomamos el camino "más centrado" cuando trascendemos la fase de echarnos las culpas mutuamente y comprendemos las carencias respectivas, en aras de de una aproximación más adulta y centrada

---

CUANDO EL SENTIDO COMÚN NO FUNCIONA HA LLEGADO EL MOMENTO DE PROBAR OTRA COSA

Todos conocemos la amarga experiencia de lidiar con alguien que cuanto más lo intentamos convencer, peor reacciona. Reconozcamos que en lo personal con nuestras soluciones la mayoría de veces alimentamos el problema, así que intentemos "otra cosa".

Supongamos que estamos ante una persona que quiere dormir, pero no puede, pues en cuanto lo intenta se pone tan tensa que le es imposible conciliar el sueño. El problema real es el estúpido imperativo "tengo que dormirme absolutamente y ya". Cualquier consejo de sentido común fracasa. Entonces, podemos pedirle que se acueste con los ojos abiertos procurando mantenerse despierto absolutamente toda la noche. Lo que le hemos pedido es incompatible con su anterior imperativo. Si lo obedece, dejará de repetirse: "tengo que dormirme ya", y ello le distenderá.

Muchas veces, nos encontramos con que son nuestros propios movimientos los que agudizan el comportamiento emocionalmente estúpido. Entonces ha llegado el momento de dejar de probar más de lo mismo y dar un giro cualitativo a nuestra paradójica posición.

Fundamento 6º de la estupidez emocional: Paradoja

En muchos de los problemas personales encontramos que el conflicto viene generado o, por lo menos, alimentado por la misma solución que aplicamos.

LO PARADÓJICO DE LAS RELACIONES

Cualquier pensamiento fijo o inmutable nos frena y limita, manteniéndonos centrados en su justificación. Si se fija usted a partir de ahora, verá como las personas nos obsesionamos con nuestras ideas tal como si nos fuera la vida en ellas. Se trata de un apego que nos cierra a las reconsideraciones, muy típico de la estupidez emocional. ¿Ha observado lo tendentes a las polémicas innecesarias que son las personas emocionalmente estúpidas?

Las personas emocionalmente estúpidas se obsesionan con tener la razón, mientras las que no lo son, optan por ser felices. Cuando tope con que está harto de intentarlo y muy frustrado por algo, si busca en sus pensamientos, verá que se ha tomado demasiado en serio una manera prefijada de interpretación y por tanto sus sentimientos y acciones consecuentes.

En la mayoría de interacciones humanas tendemos a obtener lo contrario de lo que nos obsesiona: es común-por ejemplo - ahuyentar a la persona de la que alguien se ha enamorado, por la propia obsesión en seducirle o retenerle, o crear en la persona a la que intentamos vender algo una aversión, etc. Mientras, por el contrario, desear no vender algo tiende a incrementar su atractivo ante posibles compradores. Cuanto más intentamos algo, más lo complicamos, en lo que se refiere a nuestras interacciones. Si aprendemos a trascender nuestras pretensiones y mirar "Un poco más allá", tal como si lo que nos obsesiona fuera algo trivial, las cosas toman un cauce mejor, más fluido y natural.

A menudo, a la hora de cambiar la actitud de alguien, empezando por nosotros mismos, los esfuerzos no funcionan más que en sentido contraproducente.

VACIEMOS EL BOTE DE ESTUPIDEZ

Como ahora sabe, detrás de las conductas estúpidas se encuentran simples mecanismos o programas interiores, que no son algo necesario, sino prescindible y opcional. Observe que más allá de "mecanismos mentales", las cosas son como han de ser: en el sentido de que si así son, realmente es porque no han podido ser de otro modo. Entonces son las reacciones mecánicas al respecto las que complican más la realidad y hacen de ella una cuestión dolorosa o dramática. Esta noción de que "uno mismo acrecienta la estupidez al reaccionar mecánicamente a ella pues empeora la realidad" lo explica una bonita fábula narrada por Osho:

Trata de un barquero que al ver cómo un bote se dirige rápidamente en dirección de colisión hacia el suyo, se alza, da un grito de aviso, pero cómo nadie contesta, se enardece y chilla, no obteniendo así respuesta ninguna, sigue voceando hasta encolerizarse, para acabar descubriendo tras un enojo descomunal, que la embarcación que se le viene encima, va a la deriva y sin tripulante. ¿No hubiera sido más inteligente maniobrar cuando aun estaba a tiempo?

Cuántas veces el sufrimiento peor procede de nuestra mente, que obcecada con la presunción de estupidez ajena, se embarca en interpretaciones prescindibles negativas y, a su vez, estúpidas.

Fundamento 7º de la estupidez emocional: Orgullo

Frecuentemente encontramos orgullo por sucesos absolutamente accidentales, en los cuales el orgulloso no ha aportado nada (Algunos ejemplos:...por ser blanco, o por ser negro, por haber nacido en un determinado lugar, por ser de la nobleza...etc.) En general, y aunque en estos casos adquiere un acento hasta cómico, el orgullo no solo es de las cosas más vulgares e inútiles que hay, sino que engendra muchos conflictos de los cuales poco útil se extrae.

LA SITUACIÓN EMOCIONALMENTE ESTÚPIDA COMO ENTRENAMIENTO

Como en un gran puzzle, si tomamos una pieza aislada nos es difícil entender "qué es" en la imagen global, también si nos consideramos a nosotros separadamente es casi imposible que comprendamos "cuál es nuestro papel en la vida". El hecho de tratar con otras personas contribuye a que aprendamos quienes somos. En las interacciones vemos qué sentido tenemos frente a los demás por el contraste con ellos.

Cada estupidez con que tropezamos nos reta, pues requerimos reconocer algo para superarla. Así averiguamos "dónde" encajan nuestros defectos y cualidades inter-personales y qué sentido tienen en nosotros y en el contexto de nuestra relación con los demás. Resulta una lección interesante para el orgullo, el hecho de que justo eso que nos complica la existencia, es lo que nos enseña cómo mejoraría esta.

Todos podemos aprender algo, en cualquier momento, donde sea, de cualquier persona útil para nosotros mismos y mientras lo tenemos presente, nos mantenemos conscientes.

APOLOGÍA DE LA AMABILIDAD

¿De qué proviene la presuntuosa ilusión de que podemos influir en los demás? Alguien puede actuar de modo contrario a su preferencia y tal como otro desea para conseguir su aprecio o aprobación, o bien para evitar su desprecio o represalia. En general, cambiamos nuestro comportamiento de forma mejor, contundente y más duradera cuando lo hacemos movidos por la búsqueda de aprecio, premio y recompensa.

Hay personas que son amables porque no se atreven a ser otra cosa, dice un conocido aforismo, pero nosotros queremos ser amables porque nos atrevemos a ser amables. Esto significa que "sabemos para qué" y hemos decidido que siendo así, nos hacemos más conscientes y más felices: mejoramos las cosas. Ser amable de modo genuino entraña una recompensa en si mismo.

En sentido estricto la amabilidad es a la comunicación como el aceite a los motores, porque reduce el roce entre las personas que normalmente andan esclavizadas por los mecanismos de sus egos: irascibles, necios, codiciosos.

La capacidad de ser paciente y suavizar estas asperezas es clave para que pueda desarrollarse el respeto y la convivencia armónica sea posible. Cuando hablamos del océano de nuestra afectividad podemos considerarlo como una reserva inmensa de la que podemos aprovisionarnos de amabilidad: una actitud paciente y compasiva, tolerante con los fallos.

La buena comunicación con uno mismo, repercute en su alrededor, porque todo está relacionado. Si piensa y tiende a actuar bien, usted se siente bien. Solo esto debería ser razón suficiente para animarse a ser amable y justo en cada momento.

Una persona que considera y trata con aprecio a cualquier otra, demuestra una actitud respetuosa. En la práctica del respeto hacia los otros, crece la planta de la empatía que es nuestra capacidad de afinar la melodía de la existencia.

Fundamento 8º de la estupidez emocional: Intolerancia

Este principio rige a los que actúan tal como si tuvieran garantías escritas en piedra, en base a las cuales tienen justificado sentirse mal si no se cumplen. Estos dicen por ejemplo: "exijo que no..." o "no tolero", de algo que está pasando y no se ajusta a sus deseos.

¿SE PUEDE CAMBIAR LA SITUACIÓN?

Si usted desea la superación de una situación emocionalmente estúpida, lo primero será determinar si esto es posible y lo verá al distanciarse. Así es como se revela la obviedad:

TRES CUESTIONES PARA LA TOLERANCIA

– ¿Qué me cuesta tolerar?

- ¿Por qué me pongo así en realidad? (que motivo implícito hay)
- ¿Cómo sería una excepción a lo que sucede? (cómo podría yo tolerar mejor eso)

Para mejorar un fallo se requiere primero detectarlo, aceptarlo y observarlo con precisión, solo así determinaremos con certeza qué solucionaría el problema, si está en nuestra mano conseguirlo.

ACEPTACIÓN: LAS PACES CON LA REALIDAD

Qué toleremos algo no significa que nos parezca bien y ni siquiera preferible, sino sencillamente que sabemos qué sucede y mientras suceda no lo vamos a negar. Es el primer paso para mejorar lo que hay, pues nadie puede mejorar lo que no acepta que existe.

Alguien que prescinde de enojarse una y otra vez ante las mismas contrariedades, tiene presente que en última instancia cada cual es responsable de cómo se comporta y si alguien falla reiteradamente, es ese alguien y nadie más, quién debería incomodarse por ello, no los demás.

Si nadie nos firmó una garantía de que los demás se comportarían como nosotros preferimos, no tenemos por qué indignarnos cada vez que vuelven a contrariarnos.

Las personas que conocemos son como son y enfadarse cada vez que nos lo recuerdan, es en el fondo enojarnos contra nosotros mismos.

Fundamento 9º de la estupidez emocional: Negación

Mediante este fenómeno algunas personas consiguen que otras desarrollen ideas, sentimientos o conductas estúpidas. El móvil de la negación es la perpetuación de situaciones estúpidas. Quién la practica a veces es inconsciente, pero otras, por el contrario, traza perversamente un plan para la negación de algo y la posterior confusión de sus víctimas.

LOS PROBLEMAS COMO FORMAS DE CONSEGUIR COSAS

Usted, en sus relaciones encuentra reacciones obstinadas y rígidas que perjudican tanto al que las emite como a sus allegados. En esos casos la reacción automática normal es enfrentarse. Pero si lo hace; si se opone, el resultado es contraproducente pues se establece una cadena de reacciones antagónicas, absurdas, predecibles y tediosas. Por eso, suele ser mejor enfrentar estas situaciones de modo inteligente: primero reconocer, aceptar o incluso "legitimar" la conducta problemática de las dos partes rivales, pues de este modo, revela ante su propia conciencia, cuanto hay de inconsciente en sus pretensiones.

La reacción problemática indeseada, tiene un objetivo muchas veces no reconocido ni tan siquiera por el mismo emisor (negado), y otras conocido, pero nunca es la forma más inteligente de lograr las cosas. El problema es que quién emite dicho mensaje oculta otro implícito mucho más importante. Algunos ejemplos:

Mensaje LO QUE RECONOCE	Mensaje implícito LO QUE PASA	Significado real LO QUE LOGRA
"Me duele todo"	Dejo de haceros de sirvienta	Descanso
"Me da una tos muy fuerte "	Te gritaría para que callaras	Tienes que callar y callas
"Me duele la cabeza de noche"	"No puedes dirigirte a mi ni preguntarme nada"	Evito tu proximidad o tus preguntas
"Te corrijo para que mejores"	Te endoso la culpa	Me ahorro mejorar yo
Te acuso de que mientes	Debes de probar tu sinceridad	No demuestras que yo miento

Mensaje LO QUE RECONOCE	Mensaje implícito LO QUE PASA	Significado real LO QUE LOGRA
Grito y falto	Aguantan mis agresiones	Les endoso mi ira
Me olvido tu nombre	Sientes que no cuentas	Te rebajo
Hoy no, otro día...	No voy a poder	Me lo ahorro
Si empiezo, no puedo parar	Me voy a cebar	Paso de ellos y de todo
Cuesta conocerme	Me dejan en paz	Me libro de sus invasiones
Soy más amable que tú	Siéntete en deuda	Te manipulo

LOS MENSAJES CONTRADICTORIOS

Existen mensajes contradictorios, que incluyen una idea y la contraria, dejando al receptor atrapado. Por ejemplo: "Puedes hacer la tuya y seguir disfrutando de tu vida, yo ya asumo que tú tienes otros intereses y no son si yo sufro". Explícitamente, le dice que haga algo y a continuación contradice lo que ha dicho al afirmar que, de hacerlo, sería un desconsiderado, de este modo el receptor, haga lo que haga, se sentirá mal. Es un problema con solo dos soluciones y las dos son incorrectas:

Solución I: "Hago la mía, entonces demuestro que no me importa si sufre"
Solución II: "No hago la mía, hago la suya, entonces me enojo, como un idiota".

Este tipo de mensajes dobles y contradictorios son muy peligrosos ya que, amenazan seriamente la estabilidad del receptor que queda atrapado y sin una salida correcta posible.

TRES FORMAS DE SUPERAR UNA INTERACCIÓN ESTÚPIDA

Muchas veces dos personas quedan atrapadas en un modo de relacionarse estúpido lleno de confusión y autoengaño que les hace sentirse mal innecesariamente.

Pongamos el ejemplo de un matrimonio que podría amarse felizmente, pero ha establecido la rutina estúpida de jugar a "criticarse"; ambos intentan cambiar al otro. Cada vez las riñas son peores. Sufren y destrozan su relación, cuando el único problema real son sus mensajes.

Lo primero es que se hagan conscientes, de lo que está pasándoles en el mismo momento en que está pasando. Ello requiere que se den cuenta antes de reaccionar automáticamente, es decir que aumenten la conciencia de cómo se sienten. En nuestro ejemplo el cónyuge que practicara esto diría cosas como:

– "Cuándo levantas las cejas de esta forma y me contestas sin mirarme, me siento mal. Noto un apretón de rabia en el plexo y ganas de rebotarme: ¿Es eso lo que me quieres transmitir?"

Ello cambia la dinámica porque hace consciente a la otra parte y la invita a hacerse consciente a su vez.

Por otro lado hay muchas conductas a elegir cuando superamos el automatismo y más allá de expresar "lo que somos conscientes de que sentimos", podemos comportarnos de modos que sean incompatibles con la dinámica de "acción/reacción" y que por tanto, nos abren a una nueva forma de comunicarnos. Una estrategia es concentrarse en algo colateral, gracias a lo cual la mente se fija en un tema nuevo y distinto a reaccionar mecánica y estúpidamente. En nuestro ejemplo serviría la decisión "Siempre que sienta que ella me riña, llamaré su atención sobre algo agradable".

La estrategia más inteligente , airosa y por tanto recomendable para superar una forma de relacionarse estúpida es el sentido del humor: este requiere desprenderse de la seriedad y actuar expresamente de modo "desmesurado" a fin de revelar qué sería lo más estúpido. Por contraste, la misma des-contextualización nos revela que "no es para tanto". En nuestro ejemplo, el cónyuge, aguardaría cualquier crítica para -por ejemplo- forzarse a llorar o disculparse de rodillas en señal de aflicción.

El hacer un esfuerzo voluntario por tomar conciencia de lo que sentimos, anticiparnos a una situación recurrente para mejorarla, o aplicar el sentido del humor inteligente para reírnos de nuestros propios desatinos son algunas formas exitosas de superar cualquier bucle de estupidez en nuestra cotidianidad.

LA ESTUPIDEZ PERVERSA: LA NEGACIÓN DE LA NEGACIÓN

Dentro de los conflictos de relación que encontramos este es el más bajo que existe. Se trata de un juego que es típico de la tiranía y las relaciones perversas en general cuya regla tácita consiste siempre en que uno de los jugadores (el que siempre gana todas las partidas) "niega su propia negación." Por ejemplo: Usted es un disidente político que molesta al poder por sus reivindicaciones públicas. Ellos le arrestan en su casa (le niegan) y luego dicen que "le prestan un cordón de seguridad para que la población no le ataque a usted y lo linche" (niegan que lo tienen sojuzgado/secuestrado/aislado)

O un ejemplo muy conocido en el mundo de la delincuencia financiera: El ladrón de guante blanco que soborna, o directamente paga a un tipo para que le quite a usted su dinero (le niega) y cuando usted se queja porque le roba, le increpa exigiéndole que "No ofenda al compañero" (niega que niegan)

Cuando el cinismo nos afecta estamos involucrados en un juego del tipo "Niego que te niego" y es fundamental recordar que la primera norma de los juegos comunicativos es "Prohibido decir que esto es un juego." Todos los jugadores simulamos que esto es algo muy serio. Por eso, sería inútil que explicáramos esto a los personajes que han montado una partida así. Ellos no reconocerán el juego pues equivaldría a incumplirlo, dejando así de jugar a algo que les reporta beneficios. Sería bonito poder dar una fórmula caballeresca para tratar con matones y extorsionadores, pero cuando estamos ante personas que recurren al juego sucio, lo más inteligente suele ser recapacitar y si no se cuenta con alianzas suficientes para desenmascararlos ante la ley y el orden-como tristemente sucede a veces-poner distancia por un tiempo.

La forma de ganar a alguien que intenta imponer una reacción o situación estúpida recurriendo a este perverso sistema, pasa a veces por la perversión y nuestro objetivo es sencillamente reconocer y burlar la estupidez para superarla, pero no iniciar guerras sucias en las que todo vale.

Fundamento 10º de la estupidez emocional: Sinsentido

Aunque la humanidad desconoce de donde viene y a donde va, tal como proponía el Mulá Nasrudin, ambos sitios deben ser bastante terribles, pues nacemos chillando y nos vamos llorando o lamentándolo. Si es cierto que gran parte de la estupidez que el humano padece viene creada por sus propias creencias erróneas y reacciones innecesariamente desagradables, puede que el gran antídoto de la estupidez sea el silencio entendido como paz mental. Realmente, es solo en el silencio y la serenidad que cada uno puede encontrar o, quizás siquiera intuir el sentido a la vida.

POR SI FUERA CIERTO QUE NOS BUSCAMOS LAS ESTUPIDECES QUE PADECEMOS

Una pregunta que nos hemos hecho seguramente todos cuando un conflicto nos ha superado es: ¿Qué he hecho yo para merecer esto?

En realidad, de una forma intuitiva todos presentimos que la vida nos lleva por los caminos que necesitamos recorrer para crecer y que de una forma más o menos inconsciente nos buscamos, a base de pequeñas decisiones que marcan nuestra vida, el ir a parar a determinadas circunstancias: (Por ejemplo: ¿Como no vi que ese compañero era un traidor? ¿Qué me cegó para permitir que las cosas llegaran a ese límite...?) Una persona coherente entiende y experimenta toda su existencia como un proceso de comprensión, de modo que escucha cada vez más sus corazonadas y desentraña la verdadera naturaleza de sus sentimientos.

Por esto, usted tampoco tome las estupideces que se ha visto obligado a superar como cuestiones de mala suerte, o puros pasatiempos, por el contrario: considere que ellos traían entre líneas lecciones esenciales sobre el sentido de su vida.

A lo mejor le indigna un poco esta afirmación, pues nada más antagónico a sus deseos que esos estúpidos con sus conflictos, pero seguro que la asimilará si considera que los conflictos que usted ha padecido, son los que le han ayudado y le ayudan a comprender qué es su vida.

Las personas no vemos como somos nosotros mismos sin el roce con otros. Tampoco entendemos como es nuestra familia, o nuestra sociedad, hasta que empezamos a conocer que hay otras realidades diferentes. Entendemos la naturaleza de algo cuando nos salimos de ello. Para quién no conoce otra cosa, la realidad en la que está es el "absoluto", como quien nunca hubiera salido de su casa, o de su país,... para esa persona el sitio del que no ha salido se confunde con "el todo".

Requerimos un "punto de referencia exterior" para dar sentido global a algo: verlo desde fuera. Por esto, nuestro "yo consciente", o instancia capaz de la sabiduría emocional, es el único que comprende como se superan las estupideces que nos acontecen, porque las enfoca desde fuera.

ESO DE LO QUE EN VERDAD SE TRATA

Siempre que en una comunicación hay dos niveles el que prevalece es el "no dicho explícitamente". Por eso, la escucha del "subtexto emocional" de lo que está dando a entender una persona es crucial para que ganemos poder útil en nuestras relaciones. La mejora de nuestra comunicación avanza en el silencio. Todos conocemos algunas personas que resultan incómodas porque no han entendido esto, relacionarnos con ellos nos agota, al tiempo que nos deja sentir un vacío. Ser un buen comunicador estriba en manejar diestramente el silencio. Y es que la verdad parece venir siempre en una caja: la del silencio.

Antes y después de los momentos decisivos en nuestra vida sentimos un denso silencio. El esfuerzo de hacer silencio permite al otro notar que hay espacio para que exista.

Creemos que la mente es algo sustancial y el cerebro lo es, pero no así el pensamiento o charla interior que es una conducta más. Cuando no charloteamos, no hay charla y entonces está solamente nuestro ser esencial y silencioso enseñoreándose del momento.

Es en silencio cuando reconsidera sus interacciones con los demás y ve qué es lo que realmente hacemos. Todos intuimos que las personas sabias a quienes merece la pena escuchar, conocen el arte de leer entre lineas y en el silencio. Para que podamos transmitir mensajes requerimos un canal: el silencio y este es a la comunicación como el aire a nuestro cuerpo: no hay comunicación sino gracias al silencio, a los silencios.

El silencio da ritmo y fundamento a lo que decimos, tanto es así que, de hecho, la comunicación mejor y más intima suele erradicar en nuestros silencios.

El silencio limpia nuestro sistema y puede servirnos de antídoto ante el sinsentido de la estupidez emocional.

Resumen de los diez fundamentos de la estupidez emocional

1. **Inconsciencia inconsciente**

    El estúpido emocional, que se auto-denomina animal racional, da pruebas claras constantemente de su irracionalidad. El problema es por tanto doble; no solamente es irracional sino que además, está convencido de ser racional; es inconsciente de ello. Esta "inconsciencia no consciente" es la base de la estupidez emocional.

    Nuestra contribución a aumentar la estupidez emocional humana es del todo prescindible.

2. **Egocentrismo:**

    Las personas preocupadas únicamente por ellas y por lo que los demás piensan de ellas, piensan muy poco, o nada, en los demás. (De lo contrario, sabrían que los demás no se interesan nada, o casi nada, por ellas)

Los problemas de los otros les parecen de una insondable levedad.

3. Mecanicidad

Generalmente comportarse de modo estúpido es más fácil, es más usual y es gratis.

La próxima vez que nos afecte la estupidez ajena: ¿Y si recordamos que es solamente "lo que cabía esperar"?

4. Adicción a la infelicidad

Las personas que critican a todo el mundo, realmente critican a todo el mundo. (Sí, también le critican a usted). La desgracia y la tristeza despiertan mucho más atractivo que la felicidad, y todo el drama que provocamos, con el suficiente sentido común, dejaría de ser nuestro entretenimiento principal.

Seguramente se nos puede ocurrir algo constructivo de qué tratar.

5. Péndulo:

Dos personas nunca son iguales, y esto que es fuente de tantos enfrentamientos, a ambas-casi siempre-les alegra.

Cuando alguien nos contradice o contraría ¿Y si nos alegramos de que nosotros y esa persona, ni somos los mismos, ni nos comportamos igual?

6. Paradoja:

En muchos de los problemas personales encontramos que el problema viene generado, o por lo menos, alimentado por la misma solución que aplicamos.

Muchas personas son desdichadas porque no se dan cuenta, o no se quieren dar cuenta, de que son felices.

7. Orgullo:

Quién se define como diferente a los demás, es alguien absolutamente vulgar porque no hay ni una sola persona igual a otra.

El orgullo ganado es de las cosas más vulgares e inútiles que hay.

8. Intolerancia:

Quién dice "exijo que no..." o "no tolero", de algo que está pasando, siempre miente, pues ya-lo acepte o no-lo está tolerando y por tanto no puede "exigir que no" (solo quizás, pedirlo)

¿Y si optamos por ser tolerantes? Vamos a tener que serlo igualmente y ello no nos significa aceptar.

9. Negación

Gracias a la estupidez que hemos desarrollado los humanos negamos la evidencia, por ejemplo, aceptamos que una obra de arte actual es cualquier cosa, si se logra que alguien la pague como tal.

La mayoría de la gente quiere creer algo. (No les importa tanto qué)

10. Sinsentido

Aunque la humanidad desconoce de donde viene y a donde va, la cuestión primordial parece "meter ruido".

¿Y si nos tomamos un respiro y sonreímos?... siempre podría ser peor y llegar el final.

PARTE III

PRÁCTICA PARA LA PROTECCIÓN FRENTE A LA ESTUPIDEZ EMOCIONAL

Existen solo dos cosas infinitas,
El universo y la estupidez humana,
y de la primera no estoy seguro.
Albert Einstein (1879-1955).

Introducción a la III parte

Para el estudio sistemático del inagotable espectro de manifestaciones que conforman el fenómeno de la estupidez emocional – aunque cada conducta estúpida está profundamente relacionada con el resto – reconoceremos que sus efectos se distribuyen en tres grandes áreas:

Estupideces individuales. (aquellas que se desempeñan a solas, en la intimidad; uno mismo y sin requerir el concurso de nadie). Planteamos situaciones o pensamientos que adoptamos inconscientemente y que potencian la mala gestión de nuestros sentimientos. Para cada uno de ellos sugerimos una reflexión inteligente así como un ejercicio útil para compensarlo.

Estupideces con los demás. (esas que se aplican en las relaciones próximas). Describimos las estupideces más usuales que convierten las interacciones próximas en un creciente suplicio, así como las formas de ejercitarse para evitar cada una de ellas.

Estupideces sociales. (las que se pueden realizar con cualquier desconocido) Descubrimos acciones concretas que hacen que el día a día en el trato público sea más desagradable así cómo una estrategia práctica para superar cada una de ellas.

A partir de aquí, el lector encontrará algunas de las estupideces más extendidas, lo cual le será útil para reconocerlas, detectarlas a tiempo y realizar ejercicios concretos para superarlas en dos sentidos igual de importantes:

I. Evitar incurrir nosotros en la práctica de cada estupidez
II. Protegernos cuando somos víctimas de la estupidez ajena.

En esta parte práctica, la lectura puede tener dos cadencias; una rápida, la habitual cuando leemos un manual interesante, y otra mucho más concienzuda y detenida, cuando empleamos el mismo para entrenarnos realizando sus ejercicios. A ese efecto cada lector avanzará a su ritmo y guardará sus valiosas anotaciones personales sobre las experiencias adquiridas en la realización de sus ejercicios, cuantas veces desee.

Nos adentraremos en la descripción de algunas de las acciones practicas más típicas con las que se manifiesta la estupidez emocional en nuestras vidas. Cada una de dichas estupideces concretas se describen numeradas y tal cómo se realizan seguidas de una advertencia sobre cómo podemos protegernos o librarnos de cada una de ellas, así como un ejercicio a nuestro alcance para entrenarnos en la superación de esa estupidez emocional.

47 Estupideces con advertencias y ejercicios prácticos de superación

AVISO:

LA DESCRIPCIÓN DE LAS SIGUIENTES 47 PRÁCTICAS ESTÚPIDAS NO PRETENDE INSPIRAR A LA ACCIÓN. LA REALIZACIÓN DE CUALQUIERA DE ELLAS PUEDE EMPEORAR SU VIDA ASÍ COMO LA DE LAS DEMÁS PERSONAS Y SERES VIVOS DE FORMAS IMPREVISIBLES E INCALCULABLES. CADA PRACTICANTE ASUME BAJO SU RESPONSABILIDAD LAS CONSECUENCIAS DE LA EJECUCIÓN DE LAS MISMAS.

Esquema de cómo se expone cada estupidez práctica:

> **ESTUPIDEZ Nº X:**
> **TITULO DE LA PRÁCTICA**
>
> Cómo se desarrolla esta estupidez en la práctica, o cuando, o dónde, o con quién y para qué.

Advertencia sobre cómo podemos protegernos o librarnos de la práctica número "x" y qué ventajas extraeremos de ello.

Ejercicio de superación Nº X

Práctica a nuestro alcance para entrenarnos en la superación de esta estupidez concreta llamada X

> **ESTUPIDEZ Nº 1:**
>
> **CONFECCIÓN DE UNA LISTA DE MOTIVOS PARA SER INFELIZ**
>
> La recopilación resulta de gran utilidad para autocompadecerse; quejarse, desmoralizarse y compararse en negativo. Mientras se confecciona y repasa se adquieren razones para no esforzarse o para exigir la ayuda de otras personas. Cada día hay motivos nuevos para añadir a la lista de nuestra insatisfacción, de modo que estos van acumulándose.

Aquello en lo que nos concentramos crece para nosotros. Si queremos sentirnos mejor nos conviene cuidar lo que pensamos de modo constructivo e inteligente planteándonos preguntas del tipo:

¿Por qué puedo sentirme feliz?

Ejercicio de Superación nº 1: Motivos para ser feliz

Complete de modos diferentes y a viva voz esta frase un mínimo de diez veces: "Puedo sentirme feliz porque..."

ESTUPIDEZ Nº 2:

IMAGINACIÓN DE MÁS DESGRACIAS

Esta estupidez consiste en visualizar escenas en las que uno mismo aparece como protagonista de desgracias. Cuando nos concentramos así, en "cómo empeorarían las cosas", logramos sentirnos mucho peor a raíz de cualquier cuestión, por insignificante que sea.

Podemos imaginar y suponer lo mejor tanto de lo que ya ha sucedido, como de lo que sucede o podría pasar para plantearnos:

¿Cómo me veo siendo más feliz?

Ejercicio de superación nº 2: Visualización de uno mismo siendo feliz:

En posición simétrica y con los ojos cerrados imagínese en diez situaciones diversas siendo feliz.

> ## ESTUPIDEZ N° 3:
>
> ## RECUERDO CONSTANTE DE LO FUGAZ E INSUFICIENTE QUE ES LA FELICIDAD
>
> Esta estupidez consiste en desaprovechar cualquier momento grato, de felicidad, satisfacción, belleza, placer, afecto o serenidad, recordando que "lo bueno acaba rápido." de forma reiterativa. Tan pronto sentimos el más leve bienestar, consideramos lo que podría pasar, doloroso, molesto, caro y difícil, así como lo fugaz que es —o podría pasar a ser— todo.

Desarrollamos la capacidad de aprovechar y disfrutar los sentimientos agradables si nos acostumbramos a detectarlos y valorarlos en toda su improbabilidad, exclusividad y maravilla.

Ejercicio de superación N° 3: Valoración del momento

Pregúntese varias veces al día: ¿Qué hace este momento irrepetible?

> ## ESTUPIDEZ N° 4:
>
> ## DARLE "AL TARRO" SIN PARAR
>
> La mejor herramienta para fomentar la propia desgracia la contiene nuestro cráneo ya que la mente puede ser una fuente inagotable de justificaciones para sentir rabia, miedo o tristeza, así como las mezclas más variadas de estas emociones, en diferentes proporciones. Se trata de una costumbre tan aberrante como al alcance de todo el mundo y completamente gratuita: dar vueltas inútiles a las propias maquinaciones mentales.

Una cosa es que elaboremos razonamientos útiles y constructivos y otra muy distinta dejar que nuestra mente suene como un disco rayado, dando vueltas inútiles a las cosas para no llevar a ningún sitio, sino para instalarse, de nuevo, en la frustración. En estos casos, conviene que aprendamos cómo "desconectar nuestra radio mental", logrando la paz con nuestro aquí y ahora.

Ejercicio de superación n° 4: La paz con este momento

¿Cuántas respiraciones puede realizar seguidas apreciando sencillamente este momento y sintiéndose en el presente?

ESTUPIDEZ N° 5:

DEDICACIÓN DE UN RATO AL VICTIMISMO

Periódicamente se destinan unos momentos predeterminados a lamentarse por todo lo que otros —no importa quién, vecinos, padres, hijos, gobierno...— le perjudican a uno. Si bien esta costumbre es fácil compartirla con alguien más — pues cuesta poco encontrar adeptos a este juego— resulta muy asequible como rutina solitaria: la auto compasión pronto crea adicción.

Una costumbre para nuestro bienestar emocional es consagrar un espacio de tiempo a recrearnos y complacernos en el momento presente. Durante éste agradecemos nuestra propia existencia, contemplándola sin más: la vida, los demás, el universo y la experiencia gozosa de sabernos en él.

Ejercicio de superación N° 5: Motivos de agradecimiento

¿Qué momento del día dedicaré a recrearme y a dar gracias por cuanto afortunadamente soy y lo que disfruto?

ESTUPIDEZ Nº 6:

LA CRÍTICA GRATUITA E INDISCRIMINADA

Todas las personas tienen algún defecto, y mediante la presente estupidez emocional se lo recordamos, aunque no puedan hacer nada para evitarlo ni hayan pedido opinión. Cada vez que se recrimina y amonesta a alguien se logran dos deterioros emocionales: ganar enemigos y contaminar el ambiente con el propio mal humor. Para los más aplicados en esta práctica existe la versión escrita, más perdurable y perniciosa. Esta consiste en la redacción de notas, cartas de quejas, riñas por correo electrónico, eslóganes impresos o pintados en muros, camisetas..., etc.

La crítica es contraproducente si el criticado no puede o no quiere aprovecharla. Entonces, se siente ofendido y normalmente se defiende intentando herirnos. Por eso, conviene que aprendamos a contener nuestras críticas, emitiéndolas solo en las condiciones y forma adecuada: cuando haya voluntad y posibilidad de mejora por parte de quién es objeto de la crítica y con la máxima corrección.

Ejercicio de superación nº 6: Algo en lo que reconozco pude estar mejor

En lugar de ahondar torpemente en los fallos de otros, antes de emitir cualquier crítica buscaré también algún fallo que yo cometí.

ESTUPIDEZ Nº 7:

ALARDE DE AUTONOMÍA

Mediante la práctica de esta estupidez uno demuestra que para arruinarse el día, la semana, o incluso el mes, los demás resultan totalmente prescindibles. Si uno se toma su tiempo "de depresión" no necesita a nadie, basta con desconectar de todo, limitarse a la inactividad física y permanecer aislado. Si, además, se aprovecha el momento para regodearse en degradar la situación- por ejemplo, excederse con la bebida o la comida basura, ver un programa de televisión mezquino o una película degradante en que se propicien crudamente los mensajes más miserables- podemos acentuar indefinidamente nuestra misantropía

Con todo y aún lo terribles que puedan llegar a ser los demás, son la única compañía de que disponemos. Realmente, basta plantearse cuantas de las cosas que nos hacen felices se las debemos a ellos. Por ejemplo: "Para que yo esté aquí, leyendo este libro, alguien tuvo que enseñarme a leer, y para que ese alguien me enseñara a leer ",....la cadena se alarga indefinidamente demostrándonos en todos los sentidos lo relacionados que estamos.

Ejercicio de superación Nº 7: El sentido en el que las personas nos relacionamos

Construya cadenas con frases que empiezan por la palabra "Para" sobre cosas de las que disfruta.

ESTUPIDEZ N° 8:

TRABAJO CON LA ACTITUD POSTURAL

Un estado de ánimo realmente peor se fundamenta en un modo incorrecto de usar nuestro cuerpo. Para la realización de esta estupidez se necesita tan solo un espejo. De pie, con los pies separados a la anchura de las caderas y las rodillas sobre extendidas uno se contempla a si mismo por espacio de un minuto sin parpadear. (son muy útiles los espejos de los ascensores, por las luces fluorescentes de que a menudo disponen). Entonces se piensa que ese esperpento pasmado, es uno mismo. Si ello no basta para sentirse desgraciado, se encoge el cuello, hunde el pecho y descuelga el tronco, como si tuviéramos de pronto el doble de nuestra edad actual.

Como somos una unidad compuesta de cuerpo y mente, conviene que notemos y nos hagamos lo más conscientes posible de cual es a cada momento el mejor uso de nuestro cuerpo. Si existimos es por medio de nuestro físico y el modo en que lo tratamos, determina cuanto experimentamos. Nuestro bienestar emocional se manifiesta materialmente en nuestra presencia corporal gracias a la cual somos a un mismo tiempo instrumentos e instrumentistas.

Ejercicio de superación N° 8: Inspiraciones para el arte de ser corporal

Completa en un contexto agradable la frase: "Por todo lo bueno que mi cuerpo hace por mi, algo bueno y sano que puedo hacer por él ahora es...."

ESTUPIDEZ N° 9:

LA IMPORTANCIA DE LA CIRCUNSTANCIA

Todos sabemos por instinto que existen lugares en los que sentirse desgraciado resulta asombrosamente fácil, de hecho cada cual encuentra a lo largo de la vida cuales son los espacios que le hacen sentirse peor. Quién practica esta estupidez tiene en cuenta cuales son esos espacios en los que realmente "se hunde" - por ejemplo; sótano húmedo, zona apestosa o sucia, lugar en el que se presencia a seres vivos sufriendo o atacándose, para frecuentarlos lo más posible y así provocarse un estado de ánimo peor, lo cual les permite lógicamente, quejarse, y de paso, contagiar su malestar a los demás.

Ya que hay zonas en las que nos sentimos mejor, conviene que las detectemos, estemos atentos y nos coloquemos en consecuencia; situándonos en aquellos espacios que fomentan nuestra plenitud.

Ejercicio de superación N° 9: Los sitios preferidos

Conteste por escrito esta pregunta diez veces:
¿En qué lugares me siento bien?

ESTUPIDEZ N° 10:

PENSAR EN QUIENES DETESTAMOS

Quién practica esta estupidez sabe bien que uno no necesita a los que detesta para reavivar el sufrimiento o malestar que le generan. Muy al contrario, se puede notar el malestar que nos despierta alguien, solo representándoselo. Recordamos su presencia, su mirada, su olor y esa energía que nos atormenta en las entrañas cada vez que le encontramos. Si no se consigue un agudo malestar emocional, se recurre a imaginar que la tal persona viene al propio encuentro para hacernos de nuevo "una de las suyas", pero todavía peor.

Dado que la simple evocación de alguien nos produce los sentimientos que tenemos en su presencia, es posible provocarse felicidad con solo concentrarse en los seres queridos.

Ejercicio de superación N° 10: La colección de momentos felices

Me tomo un rato para disfrutar y recuerdo diez situaciones agradables compartidas con personas a las que estimo

> ## ESTUPIDEZ Nº 11:
> ## EVITACIÓN
>
> Consiste en el camuflaje de toda emoción enojosa. El practicante, cada vez que se nota enfadado, ansioso o deprimido, hace rápidamente algo para pasarlo por alto. Por ejemplo: come demasiado, abusa de algún fármaco que le altera el ánimo, u otra conducta ansiosa. Así, enmascara provisionalmente el sentimiento desagradable. Cuando el sentimiento inicial regresa, el practicante debe repetir la operación una y otra vez, hasta convertir este proceso en algo compulsivo.

Todos los sentimientos cumplen una función y son útiles en este sentido. La ira nos permite reaccionar ante injusticias; la angustia pasar desapercibidos o huir de peligros, y la pena reponernos y despertar la empatía de quienes nos reconocen. Por tanto, incluso los sentimientos desagradables sirven a la supervivencia. Además, nuestros sentimientos son indicadores fidedignos de cómo estamos, por lo que son nuestros aliados. Dado que no hay emociones buenas o malas, pues todas son para algo, lo sano es conectar con ellas simplemente asumiendo: ¿Y qué si me siento mal? Así, reconozco mis momentos de bienestar.

Ejercicio de superación Nº 11: Libertad sentimental

En una situación serena, imagine escenas de su vida pasada en las que comprendió o tuvo corazonadas precisamente gracias a sus sentimientos desagradables: "Lo bueno de haberme sentido mal entonces.... fue que aprendí...'

ESTUPIDEZ N° 12:

AMARGARSE LA VIDA CON TODO TIPO DE PRETEXTOS

En esta práctica reflexionamos —constantemente y sin tregua— sobre todas las cosas horribles que conlleva el hecho de estar vivos: peligros, dificultades, pesadumbres, dolores, envidias, impuestos, batallas, contubernios… Esta actitud de lamento continuo convierte lo trivial en algo traumático, cualquier tropiezo es un grave obstáculo, cualquier hecho trivial pasa a ser un motivo más para sentirnos desgraciados y pensar que el mundo está en nuestra contra. Por ejemplo. "el vecino del quinto no me ha saludado", o "no paran de salirme canas…". Se trata de observar la diferencia entre lo que esperábamos y lo que la decepcionante realidad nos ofrece.

Nos conviene el esfuerzo de valorar lo que somos y hacemos como una forma de reconciliarnos con nosotros y con el mundo, recordando aquello de que la vida es corta. Podemos dar la vuelta a las situaciones indeseadas tratando de aquellas cosas que sí está en nuestro poder controlar.

Ejercicio de superación N° 12: Esto también pasará

En una libreta en cuya tapa figure el lema: "Desastres relativos" apunte toda cosa que se le ocurra que está mal o es perfectible, porque dentro de unos días la mayoría habrán pasado a ser absolutamente irrisorias

ESTUPIDEZ Nº 13:

ADQUIRIR ADICCIONES

En esta práctica uno demuestra que en una época de mojigatos que dan importancia al bienestar todavía hay quién sabe mantener las tradiciones. Una amplia mayoría de costumbres pueden, si se abusa de ellas convertirse en algo de lo cual dependamos. Ser adicto a algo permite llamar la atención y cada vez más. Además, mediante la repetición compulsiva solemos empeorar nuestra salud, lo cual nos facilita la auto-compasión, la culpa y una gran variedad de otros sentimientos negativos entremezclados.

Aunque hay personas inteligentes adictas a las más variadas sustancias y acciones (desde el trabajo, hasta el tabaco pasando por la gimnasia) a nadie se le escapa que en cuanto dependemos de algo damos al traste con el placer: la dosis hace el veneno. Normalmente la adicción genera una ansiedad que urge mitigar y que sin la adicción no se tendría, por tanto constituye una estupidez palmaria. Pero como sucede con muchas otras costumbres estúpidas culparse conduce a auto-castigarse todavía más, por lo cual funciona mucho mejor dar la vuelta a la cuestión.

Ejercicio de superación Nº 13: Solo si lo deseo

¿Qué costumbre necesaria tiene usted?¡. A partir de ahora, practíquela solo cuanto realmente guste, pero jamás porque la necesite. Si fracasa, busque otro sistema sustituto y siga hasta liberarse de la necesidad.

ESTUPIDEZ N° 14:

ENTRENAMIENTO DEL MALHUMOR MATUTINO

La práctica de esta estupidez consiste en que uno nada más se despierta por la mañana, repasa las afrentas recibidas, los defectos de los demás, todo lo que debe soportar... Con este catálogo de agravios sale ya enfadado y resentido con todo y con todos de su casa; predispuesto a que relacionarse con los demás sea una desgracia durante el resto de la jornada.

Si nos acostumbramos a preguntarnos la parte de responsabilidad que hemos tenido en cuanto nos sucede, nos volvemos cada vez más adultos y comprensivos. Es algo que contribuye a que entendamos mejor la vida y desarrollemos nuestra racionalidad. Resulta inteligente y constructivo plantearnos qué aspectos de nuestro comportamiento habitual está en nuestra mano modelar y mejorar.

Ejercicio de superación N° 14: A la cama no te irás sin saber una cosa más de ti

Cuando se nos ocurra que algo nos hace la vida penosa confeccionemos una lista de posibles respuestas a la pregunta: ¿En qué forma he contribuido yo a que esta situación indeseada llegara a producirse?

ESTUPIDEZ Nº 15:

LA IMPORTANCIA DE LA PRIMERA IMPRESIÓN

Es probable que a lo largo del día encontremos personas que practican esta estupidez con maestría. Son aquellas que creen innecesario todo cuanto constituye una muestra de cortesía como por ejemplo, saludar, ceder el paso, o dar las gracias. Con esta estupidez se cumple aquello de que "Los demás me han de aceptar tal y cómo soy", así que nos limitamos única y exclusivamente a hacer lo que nos apetece. Dado que quienes sufren un trato hiriente reaccionan sintiéndose mal, esto se contagia y al fin todos nos sentimos peor.

En la mayoría de intercambios personales que mantenemos no hay ganador ni perdedor, sino que por el contrario o bien todos ganamos, o todos perdemos. Por tanto, lo inteligente es no esperar una situación o persona especial para comportarse de modo considerado y agradable, sino serlo indiscriminadamente.

Ejercicio de superación Nº 15: La amabilidad la demuestras con quién no necesitas:

Lista diez finales para esta frase: "Ser amable en mi día a día, me cuesta lo mismo que ser antipático, pero me comporta en si mismo muchas ventajas, por ejemplo............"

ESTUPIDEZ Nº 16:

CREENCIA DE QUE LOS AMIGOS NO SON MAS QUE ENEMIGOS QUE AUN NO NOS HAN FALLADO

Quien más quien menos tiene experiencia en decepciones personales. Los practicantes de este tipo de estupidez, se anticipan y tienen como axioma general que confiar en alguien pasa factura más tarde o más temprano, por lo que se adelantan a la situación poniéndose en lo peor y saboteando la confianza con otras personas.

Aunque los amigos son seres humanos y por tanto, acaban siempre cometiendo algún error, si queremos contar con alguien, debemos estar dispuestos a aceptarlo. Dentro de algunas situaciones que nos ilustrarán sobre quién no merecía nuestra confianza, esta actitud nos permitirá disfrutar de la verdadera amistad. Por pocas buenas que logremos, nos compensaran con creces los desengaños.

Ejercicio de superación Nº 16: Valió la pena

Recuerda momentos en que gracias a que confiaste en otra persona, mejoró tu situación.

ESTUPIDEZ Nº 17:

BALANCES CONTABLES DE AFECTO

Cuando alguien se dedica a valorar sus relaciones afectivas en términos de balance, contabilizando en dos columnas, cuanto da a la otra parte y qué esta recibiendo, tarde o temprano, le resulta que falla la reciprocidad. Normalmente se percibe que uno mismo ha dado más que la otra parte. Entonces, indefectiblemente, la columna de lo que se le debe a uno mismo, deviene orgullo herido.

El enfoque mercantilista es inadecuado para las relaciones afectivas, ya que en éstas la compensación esencial viene dada por su profundidad y autenticidad. De hecho, cuando damos algo por afecto, muy a menudo en el mismo hecho de ofrecerlo sentimos la recompensa. Cuando damos lo que queremos dar y hasta donde queremos dar, por que lo sentimos justo y conveniente ya hemos disfrutado de una compensación emocional.

Ejercicio de superación Nº 17: La recompensa emocional

Cita diez experiencias en las que te has sentido ampliamente gratificado sencillamente por ayudar a otra persona.

ESTUPIDEZ Nº 18:

EL USO DE LOS DEMÁS COMO SI FUERAN HERRAMIENTAS

Para los asiduos a la práctica de esta estupidez, los demás funcionan exclusivamente de dos modos: cómo medio que facilita el avance hacia su objetivo personal o como trabas en su camino hacia el mismo. Este practicante de la estupidez emocional se mueve por ambición de modo que esconderá información y solo ofrecerá aquella que contribuya a que colaboren en el logro de sus propios objetivos.

Nada nos alimenta sentimentalmente más que las relaciones genuinas y normalmente tratan de, o bien ganar juntos, o perder juntos: cooperar. Es lícito e inteligente extraer intereses a través de nuestras relaciones, pero es del interés compartido y recíproco de donde extraemos la ganancia superior.

Ejercicio de superación Nº 18: La conciencia de lo nuestro

Piense en alguna persona que aprecie y cite objetivos comunes que presiente comparten.

> **ESTUPIDEZ N° 19:**
>
> **COMPARACIÓN PERSONAL**
>
> Siempre hay personas que nos superan y a las que superamos en cuanto a algún rasgo - inteligencia, belleza, bondad o cualquier otra característica. Por esto, la comparación personal abre a quien la practica enormes posibilidades para el desprecio y para la adulación. Además, la práctica continuada de la comparación abona un sentimiento extremadamente interesante desde el punto de vista de la estupidez emocional: la envidia., de la cual exclusivamente obtenemos dolor.

Quizás, lo más sabio es sencillamente aceptar que las personas somos distintas y para bien o para mal, cada uno es cada cual.

Todos somos importantes por algo.

Ejercicio de superación N° 19: Eso en lo que te sientes alguien único

---

En un ambiente de tranquilidad y recogimiento recuerde situaciones en las que sintió una profunda plenitud o éxito; dónde estaba, qué percibía y cómo se notaba.

ESTUPIDEZ N° 20:

ESTIMULACIÓN DE LA CODICIA

Esta estupidez radica en la costumbre de fijarnos continuamente y en cualquier ambiente en que otros disfrutan de cosas, situaciones, circunstancias, conocimientos, favores y ventajas, que deseamos pero todavía no poseemos o jamás conseguiremos. Seguramente, la persona no sería más feliz con lo que codicia (desde un coche, a la mujer del vecino...), pero está garantizado que si se obsesiona con ello, será infeliz hasta obtenerlo, perído que puede prolongarse indefinidamente.

Dentro de unos parámetros de bienestar, cuando se tienen las necesidades básicas cubiertas, la felicidad y la satisfacción personal tiene más que ver con una valoración interior de la propia vida que con el número de ceros de nuestra cuenta bancaria. Cada vez que conseguimos llegar a un destino, la ilusión de desvanece, por eso lo inteligente es que me centre en lo que en esencia siento y soy, no tanto en lo que tengo. Se trata de perseguir objetivos para disfrutar del trayecto hacia estos.

Ejercicio de superación N° 20: Realmente Suyo

Enumere espontáneamente cosas de las que disfruta y pertenecen a su esencia personal.

ESTUPIDEZ N° 21:

EL DESEMPEÑO DEL SOCORRIDO VICTIMISMO

Quién practica asiduamente esta estupidez se instala en una posición existencial muy cómoda: coloca la responsabilidad de su desgracia en otros. Es una actitud muy extendida que comparten por ejemplo los manipuladores, holgazanes, y otros rapaces. Estos apelan a la conmiseración de los demás e, incluso, consiguen esporádicamente su ayuda desinteresada. Es fácil y bien retribuido una vez se pierde la vergüenza inicial.

Si somos libres, tenemos que asumir las consecuencias de lo que hacemos, tanto de los aciertos como de los errores. Cada uno de nosotros es el resultado de una cadena interminable de decisiones que van conformando quién quiere ser. Normalmente, cuanto más responsable es alguien, más autor de su destino se considera y menos carencias a las que achacar su malestar necesita.

Ejercicio de superación N° 21: Colección de triunfos

Por espacio de cinco minutos concéntrese en todos aquellos méritos propios que vengan a su memoria, reviviendo la experiencia. Qué supusieron antes y después de lograrlos.

ESTUPIDEZ N° 22:

MÁS ES MÁS

Para la práctica de esta necedad debemos olvidarnos de lo que ya decían los epicúreos: "La felicidad es el placer sabiamente mesurado". Luego, se trata de aplicar la desmesura en todo cuanto nos gusta, hasta dar al traste con el placer que ello supone. Por ejemplo: más consumo, más trabajo, más ingesta, más gastos, más riesgo, más superficialidad... en suma, más exceso.

Evidentemente, más es siempre más, pero no necesariamente mejor. Por buena que sea una costumbre si la practicamos en exceso se convierte habitualmente en vicio, provocándonos peores sentimientos a nosotros y a quienes nos rodean. El arte de vivir está muy relacionado con la moderación. Es inteligente plantearse cómo practicarla y desarrollarla.

Ejercicio de superación N° 22: Cuántas veces lo bueno está en la dosis justa

Enumere ejemplos en que "menos es más" y recréese en revivir experiencias en las que la misma moderación acrecienta el placer.

ESTUPIDEZ Nº 23:

PISANDO FUERTE

Esta estupidez, consiste en clasificar a las personas simplistamente en dos grupos: las superiores y las inferiores. A partir de aquí se actúa de modo totalitario: siendo sumiso y rastrero ante los primeros y sometiendo a los segundos. La persona instaurada en esta estupidez, si puede apabulla e intimida - por ejemplo: un empujón a tiempo, una broma pesada, cualquier gesto humillante - consiguiendo que los demás le teman o le eviten.

Conceder a los demás un trato digno y respetuoso nos permite sentirnos más justos y mejor a nosotros mismos. En la medida que nos abrimos y confiamos dejando vivir a los demás en libertad, todos nos sentimos mejor.

Ejercicio de superación Nº 23: El valor de la mayoría

Recuerde a algunas de las personas que acostumbra a tratar considerando la lucha que a cada una de ellas les representa su propio día a día

> ESTUPIDEZ N° 24:
>
> PASIVIDAD, POSTERGACIÓN Y DESIDIA
>
> Quién practica esta costumbre deja para mañana lo que pueda hacerse mañana, lo cual es tan fácil como encontrar razones para ello. La persona instalada en este hábito ve como su pereza crece hasta el punto de que posterga cualquier toma de decisión.

Paradójicamente, también decide quién no está decidiendo, pues aunque lo haga por omisión decide seguir igual, mientras las cosas continúan sucediendo y el transcurso de los acontecimientos toma su rumbo. Por ello, una vez sentimos cómo hemos de actuar debemos hacerlo, ya que de lo contrario perdemos control sobre nuestra vida. Puede ser difícil pero suele compensar y a la vez extraeremos una lección de vida.

Ejercicio de superación N° 24: Solo por desarrollar tu poder frente a la inercia

---

Empiece a hacer algo que posterga, pero durante únicamente un minuto (ponga una alarma y párela en cuanto suene, aunque sienta ganas de seguir). Con esto aprenderá, que el sufrimiento de afrontarlo era superable, que podía, quería, y le compensaba. (Luego puede aplicarlo a más cosas, o a la misma cosa, un minuto más...)

ESTUPIDEZ N° 25:

NEGACIÓN

La práctica de esta tontería es de tal simpleza que podríamos considerarla la unidad básica de la estupidez. Su practicante se niega a cualquier cosa con sentido, como por ejemplo a reconocer o aceptar o hacer algo que resulta obviamente útil o mejor. Las posibilidades y situaciones son infinitas. Pongamos solo dos sencillos ejemplos: ¿Podría ayudar a su vecina dejándole algo que ella le requiere? Se le dice que no, sin más, aunque no nos costara nada. Pongamos otro ejemplo: ¿Podría dejar que alguien válido tomara el mando? Lo impedimos, procurando que mande un inútil, al que se pueda manejar o condicionar.

La negación -aunque a veces necesaria- implica mantener una actitud cerrada, lo cual limita nuestras posibilidades. La forma en que nos ayudamos a nosotros mismos ayudando a los demás tiene lugar cuando el "si racional" se apodera de nuestro interior y ocupa todo el espacio. Resulta más inteligente abrirnos a más posibilidades, pues a partir de allí todo es posible.

Ejercicio de superación N° 25: Más posibilidades

Ante cualquier eventualidad aumente las posibilidades completando de diversas maneras la pregunta: ¿Y si...?

ESTUPIDEZ Nº 26:

NEGACIÓN DE LA NEGACIÓN

Esta constituye una estupidez emocional doble y es "negar lo que se niega". Al "negar la negación" se genera un caos difícil de solventar y una espiral de sentimientos cada vez peores. El practicante no solo dirá que no, sino que - además - negará haberlo hecho. Retomemos nuestros ejemplos: Tras negarnos a prestarle algo a nuestra vecina le decimos: "Como te ayudo es explicándote que eso que pedías produce enfermedades y va fatal", o si ya hemos impedido que tomara el mando alguien válido, cuando otros señalen que manda un inútil reponemos: "No le ofendáis criticándolo" Se trata de disfrazar nuestras negaciones maquillándolas con creencias, sugerencias u opiniones con las que confundir todavía más.

La perversión que representa enmascarar la negación blindando la verdad hace de esta práctica la técnica favorita de las familias y organizaciones basadas en el abuso de poder. Nos conviene detectar a quién ostenta el poder que coacciona al resto y al mismo tiempo lo niega, generando una doble indefensión y el consiguiente terror.

Ejercicio de superación Nº 26: No + No = No
(aunque lo llamen si)

Recuerde un problema personal enrevesado que padeció y observe quién estaba "negando que negaba" en aquella situación.

> ## ESTUPIDEZ Nº 27:
> ## DESINFORMACIÓN
>
> Esta práctica procura que alguien equivocado descarte cualquier nueva perspectiva. El estúpido se esfuerza en desorientarle todavía más, consiguiendo que persevere en su error y se sienta peor, de modo que se vuelva más vulnerable a ser utilizado y anulado. Ejemplo: Una amiga burlada confía al practicante: "A veces me pregunto por qué sigo con mi amante, si él siempre me falla y ayer me enteré de que ha vuelto a dejar a su mujer embarazada". El practicante contestará: "No es que te falle, es que tú has de vivir tu pasión de manera más valiente; lo importante es que estás muy enamorada".

La desinformación es un tipo concreto de negación de la negación. Existen muchas formas de terrorismo emocional como esta. Algunas de ellas-quizás las más peligrosas-se practican así mediante el "buenismo"-es decir, con guante blanco y de una forma totalmente refinada- sin desvelar sospechas. Debemos lograr que el damnificado logre indicios, tiempo y espacio para pensar por si mismo, reaccionar y defenderse.

Ejercicio de superación Nº 27: Investigación de la delincuencia emocional

Si detecta esta estupidez en la práctica, estará más protegido contra ella en la vida cotidiana. Recuerde una situación en la vida o en la ficción en la que alguien usa la confianza de un allegado para confundirle y manipularlo.

ESTUPIDEZ N° 28:

DESMORALIZACIÓN

La desmoralización facilita sentimientos desagradables prescindibles así que también forma parte de la carta de prácticas del buen estúpido emocional. Para llevarla a término solo requiere que alguien próximo como uno de sus allegados muestre la más mínima oportunidad. Por ejemplo si alguien le confía: ·"Me cuesta mucho ponerme a estudiar" rápidamente el estúpido le responde: "¿No será que estos estudios son demasiado para ti?".

Evidentemente, no estamos obligados a solucionar los problemas de los demás. Puede que haya días en que, incluso estemos poco compasivos respecto a sus dificultades. Pero en cualquier caso, es inteligente tener presente que cada persona libra sus empresas y si no la ayudamos por lo menos, lo leal es respetar sus esfuerzos.

Ejercicio de superación N° 28: Rebajadores Descubiertos

Cite situaciones en que ha presenciado como alguien daba por sentado que los otros, eran deficientes, o inferiores asumiendo que él era superior y tenía derecho a derrumbarlos.

ESTUPIDEZ Nº 29:

CONFABULACIÓN

Para la realización de la presente estupidez, cuando alguien le confíe alguna tensión con un tercero, usted cargue las tintas de modo que su interlocutor se enfade, angustie, o entristezca acumulando más resentimiento. Por ejemplo, su compañera le confiesa: "En las últimas semanas mi marido y yo casi no hemos hablado". Usted afirme: "Tiempo todo el mundo tenemos, la cuestión se plantea cuando el marido se vuelca en su machismo individualista, u oculta algo importante: ¿Estás segura de que vale la pena mirar para otro lado si ni cuentas con él?". Usted deja caer la duda en el interlocutor: una semilla de malestar que puede prosperar fácilmente.

Si es cierto que más tarde o más temprano nos vuelve lo que cosechamos, bien empleada será nuestra energía en apoyar la armonía en nuestro entorno. Es mucho más saludable contribuir para favorecer que otros se entiendan, pues con ello todos ganamos.

Ejercicio de superación Nº 29: La fuerza que posees

Deje que su imaginación le brinde escenas en las que ha hecho posible hasta el momento, que otras personas se sintieran unidas y felices de comprenderse.

ESTUPIDEZ N° 30:

EL ARTE DEL INSULTO AMBIGUO

Si usted practica el insulto enseguida comprobará que un problema habitual con ello es que las personas reaccionan agresivamente o interrumpen la comunicación. Para que esto no suceda disponemos del insulto ambiguo, en el cual la persona que lo recibe, encaja la descalificación camuflada con un barniz de amabilidad. Para ello se debe insultar sutilmente, de modo que el desprecio quede "maquillado" por una aparente cordialidad. Ejemplos: "Estas guapa hoy, nadie diría la edad que tienes", "Haces bien en hablar de tus virtudes, pues así compensas lo demás" o "Qué bien lo has entendido, estoy asombrado..." Dosis moderadas de desprecio acumuladas en el tiempo resultan más devastadoras que un solo insulto directo y vulgar.

Cuando actuamos con integridad ante el otro normalmente, nosotros mismos nos notamos más auténticos y genuinos: mejor. Por tanto, cada vez que deseemos mejorar algo, lo más inteligente es que practiquemos la autocrítica.

Ejercicio de superación N° 30: Tú eres tu obra maestra

Antes de señalar un defecto ajeno: ¿Y si me fijo en a quién apuntan el resto de mis dedos?

ESTUPIDEZ Nº 31:

GENERALIZACIÓN Y ETIQUETACIÓN

Esta idiotez se centra en reducir el margen de libertad percibida mediante la generalización y adjudicación de todo tipo de etiquetas. Ejemplo: "Otra fiesta sin que ningún chico se fije en mí". El practicante de esta estupidez rápidamente contestará: "Bueno, quizás debes asumir que tú no eres el tipo de chica que gusta a los hombres". Un hombre le confía a su compañero: "Me gustan las chicas, pero suelo quedar más con mis amigos porque nos entendemos mejor". A lo que se respondería raudamente con una etiqueta: "¿Y por qué no asumes que eres homosexual?" Si tras la interacción, el otro se considera parte de un prototipo cerrado de personas, se le habrá despojado en parte de su facultad para elegir por si mismo, lo que le hará sentirse peor.

Cada persona es libre a cada momento, en pensamiento y en sentimiento, por tanto más allá de lo que pueda encontrar por la suerte, o por la mala fortuna, en esencia es soberana de su destino. Cuando abrimos posibilidades, ganamos libertad y poder y además, nadie pierde.

Ejercicio de superación Nº 31: Cuanto ni imaginas

Céntrese en una cuestión de cualquier tipo y complete sin parar cuantas veces quiera la frase: "Una posibilidad que no se me había ocurrido pero podría estar bien respecto a eso es....".

> ## ESTUPIDEZ Nº 32:
>
> ## CONTAMINACIÓN
>
> En esta práctica el estúpido emocional considera la potencia contagiosa de sus intervenciones. Las personas somos seres sociales y por tanto nuestros sentimientos están condicionados por lo que opinan, sienten y hacen los que nos tratan habitualmente. Esto significa que si se practica la estupidez emocional con regularidad, algunas de las personas que nos rodean por mimetismo empezarán a incorporar a su vez conductas emocionalmente estúpidas.

Dado que la estupidez, como casi todo, se contagia nos conviene detectar hábil y precozmente sus síntomas. De esta forma, cuando algún estúpido o practicante de la estupidez emocional se cruce en nuestro camino, podremos darnos cuenta de qué está haciendo, qué está intentando, cómo nos está afectando y por tanto qué salidas airosas tenemos para superar el reto antes de que se convierta en costumbre.

Ejercicio de superación Nº 32: Reconocimiento de los signos de estupidez

¿Qué consejos daría a un alienígena para el diagnóstico precoz de los síntomas de la estupidez emocional en nuestro mundo?

ESTUPIDEZ N° 33:

IMPREVISIBILIDAD

Un rasgo muy típico de la estupidez emocional es que acostumbra a ser sorpresiva. Si bien no toda la gente sorprendente es estúpida, siempre la gente estúpida resulta sorprendente. El motivo es que como las conductas estúpidas no benefician a nadie, antes bien, tarde o temprano, perjudican al mismo que las hace, los demás no pueden esperarse por donde saldrá un verdadero estúpido. Los estúpidos puros son impredecibles. Para ser estúpidamente sorprendente es importante recurrir a un surtido variado y lo más amplio posible del repertorio de estupideces no ciñéndonos a las más trilladas y preguntándose: ¿Ahora cómo la lío? Cuanto más desprevenidos, pillemos a los demás, más inermes los encontraremos ante nuestra siguiente práctica.

La persona inteligente gusta de saber para qué hace las cosas, por eso actúa de forma prudente o por lo menos razonada. Esto significa que sabe antes "para qué", ya que lo contrario, explicar "por qué" una vez ejecutada la acción no es más que justificarse y excusarse. Si soy responsable de mi conducta, pongo cuidado en reconocer-antes de llevarla acabo-para qué me comporto cómo lo hago.

Ejercicio de superación N° 33: ¿Para qué? tu pregunta mejor aliada

Pregúntese ¿Para qué? Pronto esta pregunta le hará darse cuenta de cosas que no notaba, o de lo absurdo de cosas que hacía.

ESTUPIDEZ Nº 34:

EL BLINDAJE

En cuanto los conocidos y personas próximas nos descubran practicando la estupidez emocional, opondrán resistencia o se quejarán. Nuestra reacción más estúpida posible ante ello es el blindaje. Este consiste en rebotar automáticamente su defensa o ataque. La puesta en práctica del blindaje es fácil; sencillamente acusamos de forma rápida y contundente a quién se resiste a nuestra estupidez, sin siquiera escucharlo, con un airado y expeditivo: "Diciéndome esto, me faltas, me insultas y me ofendes".

Es fácil emitir una acusación de ofensa para no escuchar a quién tenemos delante, pero todos sabemos que las personas que nos tratan son los espejos en los que nos vemos reflejados tal cómo somos humanamente, es decir nuestra calidad interior. Es una lección demasiado valiosa para despreciarla si queremos pasar a ser algo más que un estúpido emocional.

Ejercicio de superación Nº 34: La reconversión del ataque

¿Qué lecciones le han dado los demás con sus críticas, incluso ataques sobre su conducta, que le han sido útiles para mejorar?

> **ESTUPIDEZ Nº 35:**
>
> **DISPLICENCIA**
>
> Estriba en mostrar con nuestra postura un desprecio lo más evidente posible a los demás y sus conductas. Por ejemplo, de buenas a primeras, cada mañana se desayuna siempre única y solamente un producto dietético especial, difícil de conseguir, de esta forma se genera tensión o frustración.
> Ya de buena mañana se está más contrariado y por tanto, dispuesto a señalar a los demás sus deficiencias, en este caso, lo mal que se alimentan.

Medio mundo se ríe del otro medio. Las cosas que desconocemos suelen gustarnos menos. Cada vez que me encuentro con alguien que me parece raro, puedo considerar que probablemente, yo soy tan poco normal para él, como él lo es para mi.

Ejercicio de superación Nº 35: Adecuarse, la clave de nuestra evolución

---

En un entorno de cambios constantes, el futuro es de quién se sabe adaptar: ¿Qué hago yo de diferente cada día para fomentar la costumbre de adaptarme y seguir mejorando?

ESTUPIDEZ Nº 36:

CAUSAR SENSACIÓN

Se trata de llamar la atención todo lo posible, esforzándonos en hacer algo distinto de lo que hacen las demás personas de nuestro entorno. Una forma muy socorrida de practicar esta estupidez trata de cómo elegir nuestro atuendo diario. El objetivo es que nos permita el ofuscamiento del entorno. Cuanto mayor sea la impresión causada a los desconocidos y más se centren en nuestra excéntrica indumentaria, entonces más fácil es que estén desorientados e invadidos por la turbación, la suspicacia, el asco o cualquier otro sentimiento desagradable.

"A donde fueres, haz lo que vieres" reza un aforismo popular y realmente presentarnos y comportarnos observando la norma de los que nos rodean tiende a facilitar las cosas. Somos seres sociales y si queremos sentirnos bien ello pasa por armonizar con quienes estamos. Otra cosa es interpretada frecuentemente como un afán de diferenciación o incluso de oposición cuando no un desafío, de lo cual poco útil extraemos.

Ejercicio de Superación Nº 36: Un estilo elegante

Observe su armario ¿De qué se caracteriza? ¿Se adapta a cada ocasión?

> **ESTUPIDEZ N° 37:**
>
> **CULTURIZACIÓN**
>
> Esta estupidez trata de responder a las personas remarcando algo que ellas ignoran. Por ejemplo, si nos hablan en un idioma que conocemos, les respondemos en otro distinto para darles la oportunidad de poner de manifiesto su ignorancia. Si dichas personas se quejan, pues dan por sentado que sería todo más sencillo hablando una lengua común, se les contesta siempre en el mismo idioma y en tono superior: "Lo hago porque considero que usted tiene derecho a aprender este otro idioma que evidentemente desconoce". De esta forma con un solo gesto, despertamos animadversión y dificultamos la comunicación.

Todos sabemos que aunque es muy preferible tener una amplia cultura así como ser políglota dominando muchas lenguas, pocas personas tienen la suerte de conseguirlo. Por esto, resulta de sentido común y de educación fundamental que hagamos un esfuerzo por adaptarnos a lo que el otro sabe, más que recordarle las lagunas de su ignorancia. Esto implica hablar en aquella lengua de las que nosotros conozcamos, que permita al otro expresarse, observando en principio en qué lengua se nos dirige.

Ejercicio de superación N° 37: Comunico para poner en común

En la práctica: ¿Cómo facilito la comunicación?

ESTUPIDEZ N° 38:

ACUMULACIÓN DE VICTORIAS

Aquí el practicante se concentra de modo obsesivo en batirse, compararse y competir incluso con los desconocidos ante cualquier eventualidad. Se trata de aprovechar cualquier momento para demostrarse superior. Por ejemplo, antes de atravesar cualquier puerta, se observa si es posible el adelantamiento apresurado a alguien para pasar primero. Así cada paso se convierte en una oportunidad para "humillar" a quién anda próximo.

**Por donde quiera que vayamos seguimos a otros y somos seguidos por alguien más, resulta por tanto obvio que nos encontramos con el resultado de lo que otros antes hicieron al igual que nosotros afectamos a los que vienen detrás.
Cuesta poco tener consideración por los que nos siguen y nos deja con la agradable sensación de habernos comportado como debíamos.**

Ejercicio de superación N° 38: Una manera respetuosa de hacer mi camino

En las puertas y en todos los enclaves de mi vida posibles: ¿Cómo pienso y considero a quienes vengan detrás de mí?

ESTUPIDEZ N° 39:

GESTIÓN DE LOS CUELLOS DE BOTELLA

Esta práctica no es más que un remate esmerado de la anterior. Trata de que cuando ya nos hemos posicionado delante de otros - colándonos -se lo "hacemos pagar". Esto significa aprovechar que les hemos ganado para regodearnos y hacerles patente su inferioridad. Resulta de enorme productividad estúpida pues, por lo poco que nos cuesta, suscitamos una enorme avalancha de sentimientos negativos. Por ejemplo: Después de adelantar a alguien antes de pasar cualquier puerta abatible, se la cierra fuertemente en las narices del que va detrás.

La competencia sin sentido despierta rivalidad. Las personas notan que uno se está comparando con ellos y se sienten invadidos cuando no agraviados, a veces incluso sin ser conscientes de ello. Esto hará que estén predispuestos a reaccionar de modo antagonista causándonos a su vez problemas: Quién siembra vientos recoge tempestades. Resulta más inteligente reservarse las victorias para cuestiones que realmente sean esenciales.

Ejercicio de superación N° 39: Saber ir por la vida

Cómo demuestro a lo largo de una jornada habitual que "No me importa llegar primero, sino saber llegar."

ESTUPIDEZ N° 40:

LIDERAZGO EN LA CONDUCCIÓN

Para llevar a término esta estupidez requerimos conducir algún vehículo de transporte. Quién la implementa, vigila a los demás. Por ejemplo: gracias al retrovisor o el rabillo del ojo mira cuantos van detrás, para obstaculizarles cualquier maniobra de adelantamiento. Esto permite que vayan detrás el máximo número de personas que piensan en uno, aún sin conocerle personalmente. También puede aplicarse a los que van delante: forzándoles a que corran más acosándoles; poniéndose a corta distancia y haciendo señales acústicas para que se apresuren. El caso es interferir en su conducción, hasta hacerles sentir mal. Incluso cuando se observa a alguien parado, se le reprende con gestos insultantes.

La conducción del tráfico rodado revela defectos de carácter que pasan disimulados en las relaciones cara a cara. Muchos al mando de un vehículo sienten diluida su responsabilidad porque van armados con una máquina tras la que se perciben por encima de la situación. Si conducimos contemos con esto y mantengamos el realismo, la compostura y la responsabilidad.

Ejercicio de superación N° 40: Si no saben lo que hacen, realmente no lo saben

Complete diferentes finales para la sentencia: "Seguiré tranquilamente mi conducción a pesar de lo que otros hagan porque..."

ESTUPIDEZ Nº 41:

PRESTANCIA

La presente práctica suele ser una rutina incorporada o forma de ir por la vida para todo estúpido emocional que se precie de serlo. Consiste en una actitud arrogante que se obtiene de integrar que "más estúpidos son los demás". La vida nos surte de ocasiones para demostrar a los demás que nos parecen más estúpidos que nosotros. Por ejemplo, se práctica la displicencia evitando saludar a las personas que en ese momento no necesita, incluso aunque ellas le saluden a usted. Un gesto distante o una mirada suya altiva basta para demostrar que está muy por encima y goza de una autoestima hipertrofiada.

Si es cierto que "el ladrón piensa que todos son de su condición" también un verdadero estúpido emocional dará por descontado que el resto de la humanidad, sin ni tan siquiera conocerla, es realmente estúpida. Por tanto, si queremos librarnos de la estupidez emocional en nosotros mismos resulta importante levantar la sospecha de la estupidez de los demás, dándoles una oportunidad al menos para demostrar que están lejos de ser estúpidos, tratándolos con humanidad.

Ejercicio de superación Nº 41: Mi ceremonia de cordialidad

¿En qué modos demuestro a quién hay cerca de mí que le considero y espero lo mejor de él?

ESTUPIDEZ Nº 42:

AUTO IMPORTANCIA

Esta práctica consiste en el retraso constante e injustificado, sencillamente se llega tarde. Si le comentan algo sobre la propia impuntualidad el estúpido alega una falsa razón del tipo: "Lo bueno se hace esperar", recalcando con un gesto quién es aquí "lo bueno".

Dado que el tiempo es el bien más caro del que disponemos, hacer esperar a los demás llegando tarde porque sí, es más que una descortesía, una falta de respeto. Los demás no tienen porque considerarnos más a partir de lo que les hagamos aguardarles. La auto estima de alguien es para los demás una de las cosas más prescindibles que hay. Si quiero demostrar mi propia importancia tengo formas mucho más respetuosas y constructivas que hacer esperar al otro.

Ejercicio de superación Nº 42: Detalles importantes

Complete la siguiente frase media docena de veces: "Alguien demuestra su verdadera importancia cuando...".

ESTUPIDEZ Nº 43:

INICIATIVA Y SINCERIDAD INDISCRIMINADA

En este ejercicio evitamos preguntar nada: uno actúa simulando que ya sabe lo que debe hacer y como hacerlo. Se dejan las instrucciones para los inseguros. Gracias a esta estupidez experimentamos con los resultados actuando sin tener en cuenta las consecuencias posteriores. Bien se trate de averiguar "que botón es el correcto"..., de "saber si se debe o no usar el móvil", o de "expresar gustos y opiniones" se ejecuta la acción descontando los posibles resultados. Un ejemplo de aplicación muy común de la presente estupidez es la "sinceridad no pedida": En esta, se aprovecha toda ocasión de dar una mala noticia o desenmascarar las deficiencias de otros de forma rápida y entusiasta.

Ser imprudente, pasa facturas muy caras, porque la vida no tiene marcha atrás. Antes de adoptar una responsabilidad es mejor que considere para qué servirá lo que hago, o dejo de hacer.

Ejercicio de superación Nº 43: La discreta cosecha de la prudencia

Invierta unos minutos en considerar cuantas situaciones desastrosas ha evitado gracias a comportarse de modo prudente, razonable o bien aconsejado.

ESTUPIDEZ Nº 44:

IMPOSTACIÓN

Aunque el practicante avezado de la estupidez emocional se siente muy por encima de la amabilidad y considera rastreros a quienes son considerados con los demás, se reserva esta práctica justo para ocasiones puntuales. El practicante que avista un posible interés con alguien, le sigue, se deshace en sonrisas, halagos y le llama muchas veces por su nombre de pila mientras le hace reverencias descomunales. Son tácticas infalibles para causar honda impresión en los demás cuando se persigue extraer un provecho con ello.

En el bien entendido de que "ser hipócrita en una circunstancia dada es dedicar más energía a parecer buena persona de lo que en realidad supondría serlo" normalmente, la gente nota mucho mejor de lo que creemos, aquello que estamos haciendo que es disonante con lo que sentimos. Por eso dirigirnos a los demás fingiendo sentimientos agradables inexistentes, resulta casi siempre tan obvio y contraproducente como ridículo.

Ejercicio Nº 44: Ya sabes sentirte cómo te has de sentir

Memorice situaciones en las que tras haber sido honesto y auténtico con alguien has sentido en sus adentros que algo te decía: "Si, así es como te has de sentir"

ESTUPIDEZ Nº 45:

CHARLAS SOBRE RELIGIÓN PARA ROMPER EL HIELO

Esta idiotez consiste en que se aprovechan las situaciones sociales fortuitas para entablar discusiones sobre creencias religiosas antes de saber cuales son las convicciones de nuestros interlocutores. Lo primero es ir mofándose de todas las religiones que no son la propia — si se tiene una- haciendo hincapié en las estupideces que esos ingenuos llegan a creer y los modos idiotas en que empeoran sus vidas por ello. Para romper el fuego, es útil recurrir a alguna broma o chiste soez sobre sus figuras espirituales, santos, o dioses, pues resultan ideales para arrancar con sonrisas el intercambio de opiniones.

Cada persona es libre de albergar sus sentimientos existenciales a cerca de qué cabe esperar de la ultratumba y cómo debemos o no vivir la vida espiritual. Al margen de cual sea nuestra fe, uno mismo es tan ignorante como el resto sobre lo que nos pasa tras la muerte y es tan fácil como presuntuoso herir a quienes creen algo diferente a nosotros.

Ejercicio de superación Nº 45: formas útiles de romper el hielo

¿Qué formas conoce, ha visto, o le han servido en concreto para establecer bonitas relaciones nuevas?

ESTUPIDEZ N° 46:

COMPARACIÓN DE COLECTIVOS

Los racismos, nacionalismos y todo tipo de clasismos constituyen fuentes inagotables para la práctica de esta estupidez. Por ejemplo quién prefiera practicar con el nacionalismo una vez decidido a qué terruño ha entregado sus sentimientos nacionalistas, proclama lo distintos que son en su tierra y cómo esos rasgos les hacen mejores. Explica a los desconocidos que las personas de otras naciones, son opuestas a ellos y deberían hacer más por su nación en forma de dinero, cesión de soberanía o colaboración para su expansión.

Dado que todas las comparaciones son odiosas, la inteligencia nos recuerda que es absurdo dejarnos llevar por la preferencia de un colectivo hasta el punto de compararlo con el resto. En general, ello solo conduce a que se despierten complejos tribales y conflictos. Una persona inteligente considera que en normal creer que "nuestro pueblo es el mejor y nuestra cocina la más rica" pero hacer de esto una filosofía es una pueril excusa para la excitación de sentimientos estúpidos.

Ejercicio de superación N° 46: Agradecimiento a los que no son como nosotros

¿Cómo aprendo a enriquecerme valorando más la clase de cosas, ideas y personas que todavía desconozco?

ESTUPIDEZ N° 47:

OFENSAS GARANTIZADAS

En esta práctica, cualquier afirmación taxativa sobre ideología política o valores sociales es un detonante ideal para que una conversación despierte excitación. Sin importar la ideología a la que uno se afilie, de modo vehemente se habla con pasión y así se despiertan pasiones. Se trata de dejar claro quienes son los buenos y quienes son los malos. En esta práctica el interlocutor ha de ser con-vencido y hasta ese momento, la conversación no habrá acabado. Si al practicante le llaman fanático, eso quiere decir que ha conseguido crisparlos. Buen intento, pues es el primer paso para una larga riña.

Al igual que a la población de menos de veinte años no le interesa el tema de "cómo parecer joven". Lo más habitual es que las personas carezcan de inquietud por averiguar "si están en lo cierto en sus valores de vida" Sencillamente parten de que ya están en lo cierto y dan por sentado que merecen respeto. Por ello, es más inteligente reservar los temas relacionados con los fundamentos de nuestra existencia para relaciones y situaciones de mucha comprensión y probada confianza.

Ejercicio de superación N° 47: El cuidado de la comunicación

¿Qué formas tengo de conversar con mis interlocutores para que estos traten de temas en los que la comunicación prosiga fluidamente?

Índice

Introducción de la autora 3
Por qué y para qué un libro sobre
estupidez emocional 5

PARTE I: Teoría de la estupidez emocional
    Qué es la estupidez emocional 9
    La incógnita teórica de la estupidez
    emocional 12
    El estúpido emocional ¿nace o se hace? 14
    ¿Cómo se desarrolla la estupidez
    emocional? 17
    ¿Cómo defenderse de la estupidez
    emocional? 18

PARTE II: Los diez fundamentos de la estupidez
        emocional y como liberarnos de ellos
    Los fundamentos de la estupidez
    emocional y como liberarnos de ellos... 25
    1. Inconsciencia inconsciente 31
    2. Egocentrismo 41
    3. Mecanicidad 51
    4. Adicción a la infelicidad 63
    5. Péndulo 69
    6. Paradoja 75
    7. Orgullo 79
    8. Intolerancia 83
    9. Negación 87
    10. Sinsentido 95

Resumen de los diez fundamentos de
la estupidez emocional 101

PARTE III. Práctica para la superación ante la
  estupidez emocional
  Introducción a la III parte 107
  47 Estupideces con advertencias y
  ejercicios de superación 111

Epílogo:

Hasta aquí ha llegado nuestra primera aproximación a la estupidez emocional. Más y después de la estupidez emocional ¿Qué? Tras la estupidez emocional la vida sigue. ¿Cómo? Mejor. Pero de eso, trataremos en otra ocasión